JN205934

よかれと思って言ったのに

実は人をモヤッとさせる

Shitsugen Zukan

失言図鑑

失言研究所 編

黒川伊保子 解説

sanctuary books

１００の気の利いた言葉をかけるより、
たった１回の失言を避けよう

はじめに

失言＝言ってはいけない余計なひとこと

よかれと思って言ったひとことで、場が凍りついた経験はありませんか？

場を盛り上げよう、相手を喜ばそう、元気づけようと思って言ったひとことで、その後の会話がまったく弾まなくなったり、突然相手の顔が曇ったり。

ちょっとつらいけど、そのときのことを思い出してみてください。

会話の中で、何かしらの「実は人をモヤッとさせる余計なひとこと」を言ってしまってはいませんか？　何気ないあなたの発言が、相手をイラッとさせたり、悲しませたりしたのかもしれません。


今回、私たちが調査したアンケートでは、「他人にうっかり余計なことを言ってしまって後悔した経験はありますか？」という質問に、94・3％の人が「ある」と回答しています（209名対象、20代～80代の男女／サンクチュアリ出版調べ）。

ほとんどの人が、自分が発した言葉に後悔した経験があるのです。

「語彙力」や「コミュニケーション力」より大切なこと

社会人が備えるべきスキルとして、「語彙《ごい》力」「コミュニケーション力」がよく挙げられます。たくさん本を読んだり、動画を見たりして、それらのスキルを伸ばす努力をしている人も多いでしょう。

それなのに、なぜか職場の人間関係がよくならない、部下や顧客と信頼関係が築けない、妻や夫を怒らせてしまう、友人付き合いがうまくいかない……とお悩みの場合、もしかすると、語彙力やコミュニケーション力を磨く以前の「失言」に原因があるのかも。

実は、円満な人間関係を築くには、100個の気の利いた言葉をかけるより、人をモヤッとさせる失言をうまく避けることのほうが大切なんです。

逆に言うと、1回の失言が命とりになることもあるということ。たったひとつの失言で表舞台から消えていった政治家や芸能人がいるように、どれだけ丁寧に築き上げた関係も、1回の「モヤッと発言」でヒビが入るどころか、あっという間に崩れてしまうことすらあるのです。

「運がよかったね」「スタイルいいよね」「疲れてる？」
「私もわかるよ」「大したことないよ」「バタバタしていて」

会話を盛り上げよう、相手を喜ばせようとするのはとてもすてきなこと。
それなのに、よかれと思って言ったささいなひとことが、知らず知らずのうちに不快感を与えたり、人を傷つけたりしてしまうだなんて、なんだかもったいないですよね。

「なんか嫌だったな……」と相手をモヤモヤさせない言い方とは

私たち失言研究所は、話し方や伝え方の数々のベストセラー書籍を手がけてきたライター・編集者ら言葉のプロたちが研究員となり構成しています。今回300人以上に取材をし、どんなシチュエーションで失言が生まれ、それがどのように人をモヤッとさせているのかを徹底的にリサーチしました。

研究してみてわかったのは、失言は、思った以上にたくさん世の中に隠れているということ。ささいなひとことが人を傷つけ、傷とまではいかなくとも「さっきの会話、なんだか嫌だったな……」という言葉にならないモヤモヤを日夜生み出しているのです。

一方で、人から好かれる人、信頼されている人は、同じシチュエーションでも嫌味のないフレーズに自然と言い換えていることがわかりました。

「運がよかったね」ではなく、「よくがんばったね」

「スタイルいいよね」ではなく、「スラッとしてていいね」

「疲れてる？」ではなく、「何か手伝えることある？」

「私もわかるよ」ではなく、「話を聞かせて」

「大したことないよ」ではなく、「何か不安なことある？」

「バタバタしていて」ではなく、「遅くなってごめんなさい」


「寄り添ってくれてありがたい」「ほめられてうれしい」というポジティブな気分になれる、すてきな言い回し。こんな言い方が自然にできるようになれば、相手をモヤッとさせることはなくなるでしょう。

本書では、私たちが集めた１００の失言を紹介します。それに対するすてきな別の言い方も添えますので、ぜひ参考にしてください。

うっかり失言を防ぎ、コミュニケーション上の無駄な失点をなくすことで、あなた本来の魅力が周りに伝わりやすくなるでしょう。それが、人から好かれ、信頼される人になるための近道です。

失言ってなんだろう?

この本での失言とは、「言わなくていいことを、うっかり言ってしまうこと」。

2000年代以降、ハラスメントという概念が世の中に浸透し、明らかに誰かを傷つけるような発言は避けるのが常識となりました。

ところが、「傷つけよう」と意図して発せられた言葉ではないのに、それどころか「場を盛り上げよう」「相手を励まそう」と思って言ったはずなのに、なぜだか受け手をモヤモヤさせてしまう言葉——失言は、日常のコミュニケーションにまだまだ潜んでいます。

こうした失言は、相手の心をえぐるほどの攻撃力はありませんが、心にチクッと刺さるトゲとなり、私たちの円滑なコミュニケーションを阻む要因となっているのです。

そこで私たちは失言の実態を知るべく、300人に取材を敢行。1000の失言を以下の4つの視点で集めました。

①よかれと思って言ったはずが、裏目に出た言葉

本書では、「明らかな意地悪発言」や、「傷つけるために放った嫌味」は失言としてカウントしていません。

最も気をつけるべきは、思いやりやさしさから発したはずの言葉が、なぜか裏目に出てしまうパターンです。たとえば、

・共感を示す**「わかります」**が、**「わかるわけないよね」**という反感を買う

・励ますつもりの**「よくあるよね」**が、**「私の悩みは大したことないってこと!?」**と受けとられる

・心配でかけた**「大丈夫？」**の言葉が、**「私の仕事ぶりが頼りないってこと？」**と相手のやる気を削ぐ結果に

これらはコミュニケーションを円滑にするはずが、かえって逆効果になる〝もったいない〟失言と言えます。

②決めつけの言葉

多様性が尊重され、価値観は人それぞれだという考えが世の中に浸透した今、発言者の価値観による「ジャッジ」が含まれる言葉も失言になりえます。たとえば、

・**「女の子を育てるのはラクそう」**

・**「サッカーやっていたなんて意外！」**

・**「アルバイトのままでいるなんてもったいなくない？」**

これらは相手をほめているようにも聞こえますが、言う側の価値観＝決めつけがにじみ出ている発言です。相手は、自分の価値観や存在意義を損なわれたように感じてしまうでしょう。

③配慮に欠ける言葉

たとえ悪意がなくても、相手の気持ちを想像しきれていない発言も失言となります。たとえば、

・無責任に返事を先延ばしする**「行けたら行きます！」**
・忙しいことの言い訳**「バタバタしていて」**
・年齢を重ねていることを先回りして自虐する**「おばさんだから！」**

これらの発言は、言われた側の気持ちをまったく考慮できていません。言いたいことを言って自分だけがラクになることで、相手にモヤモヤを引き受けさせています。

④最近違和感を覚える人が増えた言葉

ここ10年あまりで、人を外見だけで判断することや、性別に関する発言はすっかりNGとなりました。**「美人」**や**「やせた？」**、また**「女性らしい」「男性らしい」**も、ひと昔前までは定番のほめ言葉でしたが、今は違和感を覚える人が多く、言わないほうがいいワードの筆頭です。

体型や性別、内面も含め、その人の個性にかかわることを他人がひとくくりにして言語化することをよく思わない人が増えているのでしょう。**「明るいね」「コミュニケーション力高いね」**なども、ストレートなほめ言葉として受けとられにくくなっています。

本書の使い方

300人を取材して集めた100の失言について、「言いがちレベル」「解説」「言うならこっち」「失言メーター」の4つの角度から分析しています。

解説を読んで失言が起こるメカニズムを知り、言い換えワード「言うならこっち」をボキャブラリーに追加することで失言防止に役立ててください。

「言いがちレベル」は100点満点。高ければ高いほど、無意識のうちにうっかり言いがちなので気をつける必要があります。

また、本書は「失言を言われた側」の気持ちにもフォーカス。「イライラ」「モヤモヤ」「悲しい」「恥ずかしい」「シンプルに失礼」の5項目を、「失言メーター」として可視化しました。うっかり失言に気をつける際の参考にしてください。

なお、本書を即座に日常のコミュニケーションに役立てようとしなくてもOK。「あの人、よくこれ言ってるな……」「私も言っちゃってるかも」など、まずは“あるある”ネタとして楽しんでいただくのもおすすめです。

失言研究所って？

話し方や伝え方に関する数々のベストセラー書籍を手がけてきた、ライターや編集者ら“言葉のプロ”の研究員によって構成。これまでに300人以上に取材をし、どんなシチュエーションで失言が生まれ、それがどのように人をモヤッとさせるのかを徹底的にリサーチ。「言い換えるならどんな言葉が適切か」までを考え、コミュニケーションのブラッシュアップに余念がない。日常に潜む失言を誰かが見つけてくるたびに議論が止まらなくなり、会議が長引きがちなのが課題。

第1章 あいづちの言葉

第2章

contents

日常会話の言葉

第3章 ほめる言葉

contents

第4章 やさしさ・励ましの言葉

第5章 お願い・断りの言葉

contents

第6章 育児の言葉

第7章 自虐の言葉

第8章 ジャッジする言葉

第1章

Shitsugen
Zukan

あいづち
の言葉

1 共感を示したいとき

言いがちレベル 78

失言かも

たしかに

相手の話を肯定し、「聞いてますよ」感も出せる便利な共感ワード。使いすぎてしまうとモヤモヤの元に。

言うならこっち

たしかに、そうなんですね

私は○○って思うんだ——
そうなんですね——
たしかにたしかに

あいづちを打つときに使いがちな「たしかに」。相手の話を肯定したうえで、しっかり聞いている感じも出すことができる便利なワードです。あいづちのほとんどが「たしかに」になっている人もいるほど。

しかし、あまりにも連続して使いすぎると、話の内容を理解しているか、していないかにかかわらず、「とりあえずうなずいている感」が出てしまいます。「え？　ほんとにそう思ってる？」と相手をイラ立たせてしまうかも。

ご存じだとは思いますが、「たしかに（確かに）」とは、「確実に」の意味。話の中で、本当に「そのとおりだ！」と思うときだけ、アクセントとして使いましょう。目上の人に使う場合は、「たしかに」単体ではなく、「そうなんですね」「おっしゃるとおりですね」などの言葉を後ろに添えるといいですね。

「たしかにたしかに」と2回続けて言うとテキトー感、うわの空感も倍増じゃ。

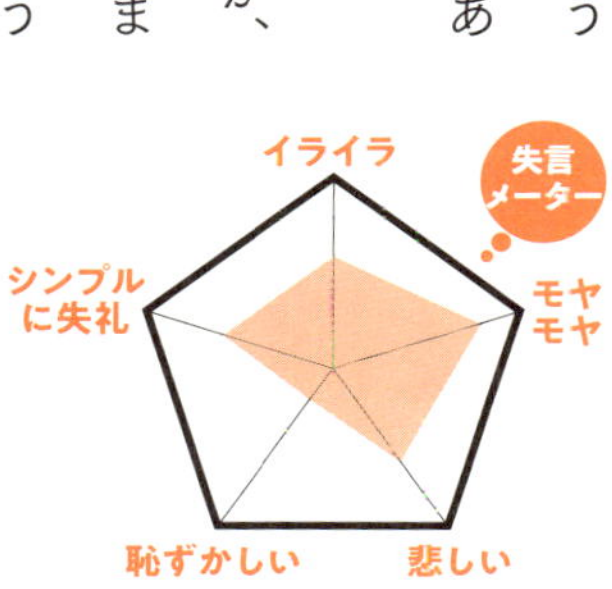

2 話を展開させたいとき

言いがちレベル 70

失言かも

それこそ

この言葉を接続詞に、自分の話へと持っていく若い人が急増。「自分の話のほうが価値がある」と聞こえかねないワードです。

言うならこっち

そうなんですね。私もこの間……

ここ数年、若い人たちの間で急に使われるようになった印象のある「それこそ」という言葉。相手の話を受け、「それこそ」を接続詞として自分のエピソードへと持っていく流れがよく見られますが、ちょっと待って！「自分の話〝こそ〟が、このテーマにはふさわしい」と言っているようなもので、話を奪われたほうはモヤモヤしてしまうかも。

もし、同じテーマで自分の話をしたくなったら、まずは「そうなんですね」で相手の話を受けとめるのがマナーというもの。自分のエピソードを披露するのはそれからにしましょう。

また、ここまで深く考えず、口ぐせのように使っている人もいるかもしれませんね。モヤモヤワードとして挙げられがちな「逆に」や「要は」などと同様、あまりいい印象ではない言葉なので、早いうちに直すことをおすすめします。

〝それこそ〟、
使わないに
越したことは
ないぞ。

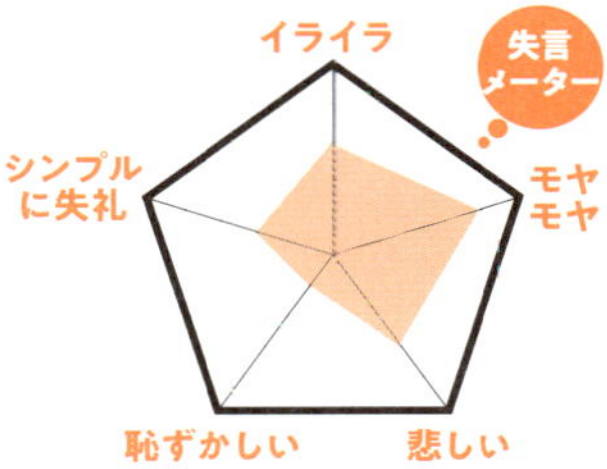
失言メーター
イライラ
モヤモヤ
悲しい
恥ずかしい
シンプルに失礼

3

理解を示したいとき

言いがち
レベル
68

失言かも

はい、はい、はい

王道のあいづちですが、連発しすぎるとクドくなります。子どもの頃に教わった「はいは1回」がお約束。

言うならこっち

はい、そうなんですね

あいづちの王道、「はい」。相手の目を見て、うなずきながら「はい」と言えば、「あなたの話を聞いてますよ」という気持ちを何よりも誠実に伝えることができます。

でも、「はい、はい、はい」とあまりに繰り返しすぎるとクドくなってしまいます。中でも、「、、(てん)」のない「はいはい」は最悪。テキトーそうなあいづちは、話し手側の熱を一気に冷ましてしまいます。

子どもの頃に教わったとおり、「はいは1回」が原則。「はい」は重要なタイミングで、「そうなんですね」などの共感を示す言葉とともに大切に使いましょう。

間が持てないときは、失礼のない程度に「へー」や「ふーん」などを織り交ぜるといいですね。自分のキャラに合ったいい感じのあいづちを身につけると、人との会話がラクになります。

表情や
うなずきなど、
「はい」の気持ちは
さまざまな形で
表現できるぞ。

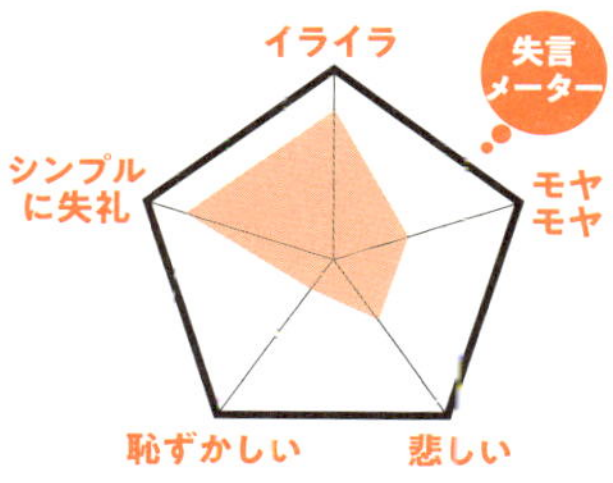
失言メーター
イライラ
モヤモヤ
悲しい
恥ずかしい
シンプルに失礼

4

理解を示したいとき

言いがち
レベル
72

失言かも

なるほど

本人にその気がなくても、相手の話を「ジャッジ」＝評価している感じが出てしまう要注意ワードです。

言うならこっち

へー！　そうなんですね

友人との会話だけでなく、上司や取引先との会話で、何気なく使いがちな「なるほど」というあいづち。本人は無意識のうちに使っているのでしょうが、どことなく相手をジャッジしている感が出る言葉です。

人の話を聞くときは、「理解（納得）できる／できない」で評価するのではなく、話の内容をありのままに受けとめる姿勢が大切。理解を示すのはその後でOKです。

また、営業職など、トークするのが仕事の人に多いのですが、「なるほど」が口ぐせのようになっている人も。「なるほど」一本やりのあいづちは、どことなく他人事のようで、「私の話、ちゃんと聞いているのかな?」と相手をモヤモヤさせてしまうかも。

どんな場合でも、まずは「へー！　そうなんですね」と相手の話を肯定することを心がけましょう。

営業トークで
使いがちな
「なるほどですね」
も要注意。

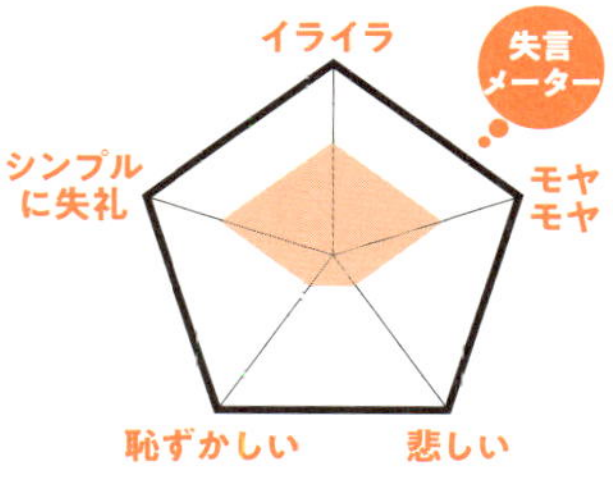
失言メーター
イライラ
モヤモヤ
悲しい
恥ずかしい
シンプルに失礼

5 相手をほめたいとき

言いがちレベル 63

失言かも

いいなぁ

うらやましい＝羨望の気持ちが強く出すぎると、言われた相手は責められたような気持ちになってしまいます。

言うならこっち

いいね！

「今度、家族でディズニーランドに行くんだ！」「いいなぁ」……子ども同士ならかわいいやりとりですが、大人同士だとちょっとみっともないかも。「うらやましい」という羨望の気持ちは、あまりに表現しすぎると相手を責めているようにも響きます。相手も、もしかすると自慢したい気持ちがちょっとはあったのかもしれませんが、責められたように感じることで「そんなつもりはなかったんだけどな……」「なんかごめんね」とシュンとしてしまいます。

また、成績や収入がいいことなどに対する「いいなぁ」は、そこに至るまでの相手の努力を「なかったことにする」ようにも聞こえます。うっかり言いがちなので、気をつけましょう。

「いいなぁ」とうらやむのではなく、「いいね！」と素直にほめるのが、気持ちよく会話を続けるコツです。

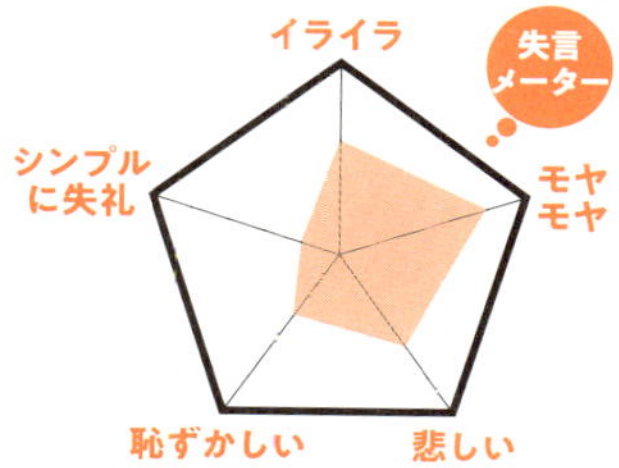
失言メーター
イライラ
モヤモヤ
悲しい
恥ずかしい
シンプルに失礼

「いいなぁ」と
言われるように
なるぐらい、
自分も
がんばるのじゃ。

6 驚いたとき

言いがちレベル 86

失言かも

うそ!?

驚いたとき、とっさに出がちなひとこと。よく考えると「あなたはうそをついている」と暗に相手を否定する言葉です。

言うならこっち

本当に!?

相手から驚くような事実を告げられたとき、つい口をついて出る「うそ!?」。信じられないほど驚いたことを表す言葉です。

わりとみんなカジュアルに使うこのフレーズですが、よくよく考えてみると、「あなたはうそをついている」と、暗に相手のことを否定していま す。否定されてうれしい人はいませんし、相手に「この話はうそではない」というさらなる否定をさせることにもつながります。

驚きを示すなら、肯定の意味のある「本当に!?」という言い方のほうがおすすめ。「びっくりするでしょ? それが本当なんですよ、なぜなら……」と会話もスムーズにつながるはず。

「うそ!?」はとっさに出がちな言葉なので、クセになっている人は意識的に直すよう心がけたほうがいいかも。「うそ!?」を使うのは、本当にうそとしか思えないような驚愕の話のときだけにしましょう。

カジュアル版の
「マジで?」は、
相手とシーンを
選べばOKじゃ。

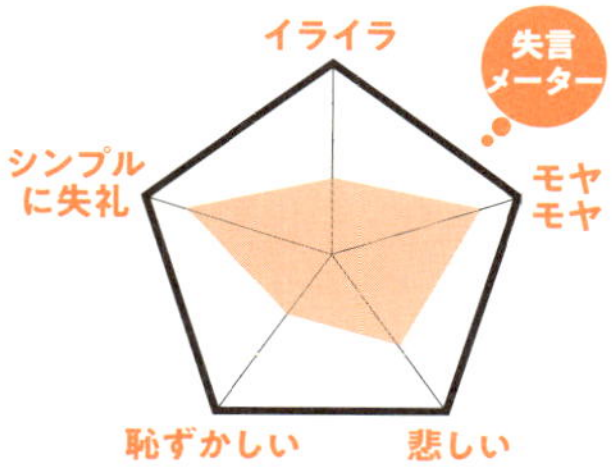
失言メーター
イライラ
モヤモヤ
悲しい
恥ずかしい
シンプルに失礼

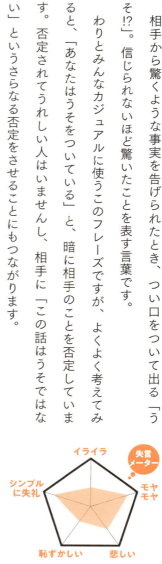

7 話を展開させたいとき

言いがち
レベル
45

失言かも

私なんて

エピソード合戦をはじめる前に、まずは相手の話を受けとめるべき。話を奪われたように感じると、人はモヤモヤします。

言うならこっち

そうなんですね、実は私も〇〇

相手のエピソードにかぶせる形で、「私なんて……」と、〝さらに上回る〟話をしようとする人がいます。モヤッとするしくみはP22の「それこそ」と同じですが、「私のほうが上回る経験をした」感が色濃く出るため、よりタチが悪いかも。

「それこそ」と同じように、大事なのは、まず相手のエピソードを受けとめること。どうしても話したい類似エピソードが頭に浮かんだ場合は、相手の話をしっかり受けた後で、「実は私も……」と控えめに差し出すようにしましょう。

ちなみに、どんな話もいつの間にか自分の話へと持っていく人は、「会話泥棒」と呼ばれ、周りからよく思われません。少しでも思いあたるフシがある人は、「私なんて」や「それこそ」で〝泥棒〟していないか、自分の会話のクセを一度見直してみるといいかも。

「私なんて」の
応酬で
盛り上がる会話も
中にはあるけど。

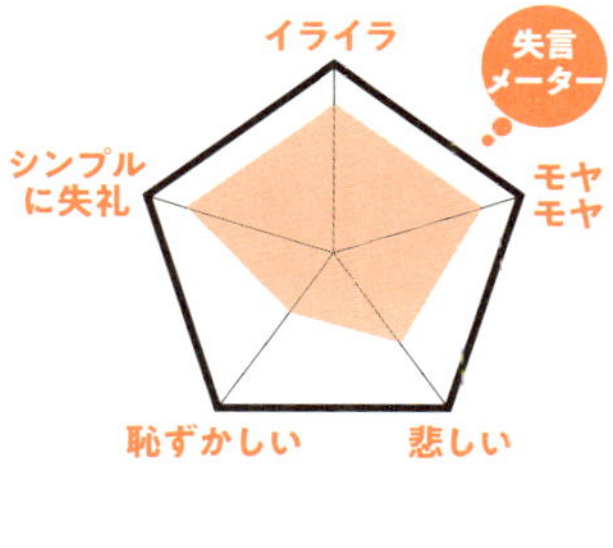

8 相手をほめたいとき

言いがち
レベル
32

失言かも

ズルい!

どんなにうらやましい状況も、「みんな平等」でない限り、「ズルい」と責め立てるのはお門違いです。

言うならこっち

いいね!

Ｐ28の「いいなぁ」と同じように、「うらやましい」という羨望の気持ちを表す言葉です。「みんな平等」と素直に信じていられた子どもの頃ならまだしも、大人になってからも頻繁にこれを言っている人はさすがにマズいかも。

「恋人ができた」「宝くじがあたった」「子どもが難関校に合格した」……相手がどんなにうらやましい状況にあったとしても、それはあなたにはまったく関係のないこと。「ズルい／ズルくない」という軸は存在しないのです。言われた相手は、「あなたはズルをしている！」と責められたように感じ、せっかくのうれしい気持ちもしぼんでしまうかもしれません。

うらやましい状況にある相手を前にしたとき、できるのは「いいね！」と素直にほめることだけ。前向きな言葉を口にすることで、あなたの運気も上がるかもしれませんよ。

被害者ぶるような言い方はやめる。世の中平等ではないのじゃ。

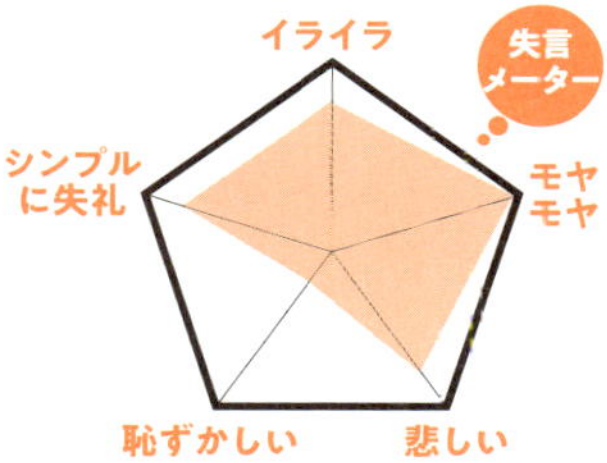

9 答えがわからないとき

言いがち
レベル
37

失言かも

さぁ？

「わからない」という回答をしたら会話はそこで終わり。でも、「わからないよね」という共感があると、お互いの仲が深まります。

言うならこっち

うーん、どうなんでしょうね

「明日のお天気は？」「どっちの服が似合ってる？」「今日何食べたい？」……相手からのこうした問いかけを「さぁ？」で終わらせるのは、あまりいい選択とは言えないかもしれません。

　というのも、相手は「答えそのもの」がほしいわけではないのです。天気はネットを見れば瞬時にわかるし、正直、服も献立も、自分で決めてしまったほうがラク。そこをあえて聞くのは、あなたと会話を楽しもうとしているから。

　もし答えがわからないのであれば、それをそのまま伝えればＯＫ。「うーん、晴れそうな感じがするけど、台風が近づいてるって言ってたかも。天気予報見てみようか」「うーん、どうしようね……肉もいいし、久しぶりに魚を食べたい気もするし……」。相手が「わからない、迷っている」ことに対して共感を寄せましょう。

求めているのは、調べればわかる「答え」ではなく、人間としての「共感」。

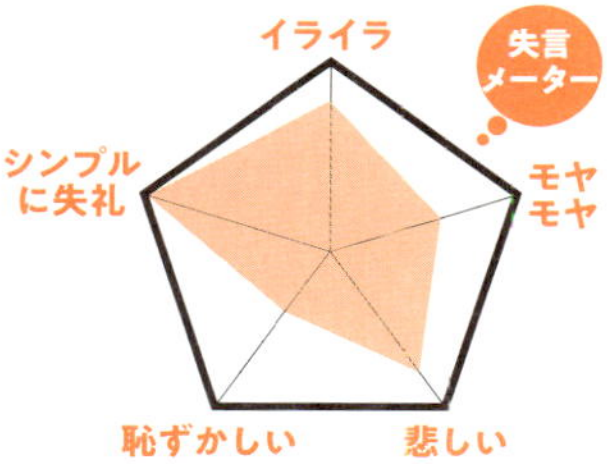
失言メーター
イライラ
モヤモヤ
悲しい
恥ずかしい
シンプルに失礼

10

なじみのない話題のとき

言いがちレベル 57

失言かも

知らないです

「大衆的なことには興味がない自分」……多様性社会ではちょっとカッコ悪いかも。人の趣味を尊重することで、相手からも尊重されます。

言うならこっち

へー、どんなところがいいんですか？

「知らない」ことがマウントになると考える人がいます。

たとえば、ちょっとマイナーな芸能人同士が結婚したときにネット上で見かける、「誰？」というコメント。「私はあなたたちのことなんか知らない」とわざわざ述べることで相手をサゲる、という手法ですね。おめでたいことを素直に祝う、あるいは、知らない相手なら何も言わずにいればいいのに。

流行りのアイドルやミュージシャン、世界的なスポーツイベントなどの話題について「知らない」と表明することで、「大衆的なことには興味がない自分」を演出する……多様性時代の今、逆にイケてないかもしれません。相手が振ってきた話題は、たとえ自分とまったく接点がない事柄であっても、知らないなりに会話を続けましょう。知らないことほど、「なんでそんなに好きなんだろう？」と興味がわきませんか？

自分の
好きなことを
「知らない」で
一蹴されたら、
誰だって悲しい。

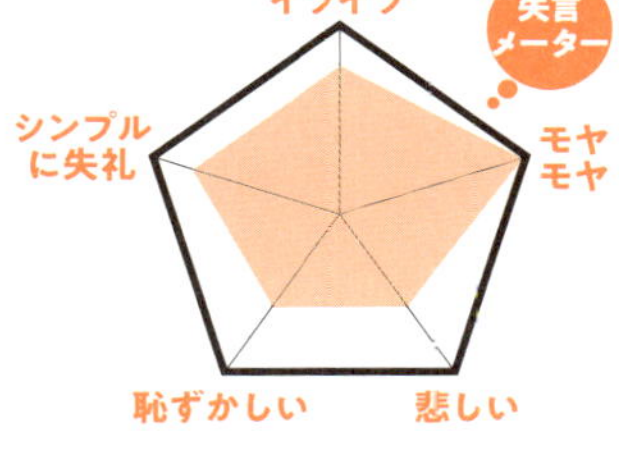

失言研究コラム①

失言じゃないけど……なんだかモヤモヤする言葉

失言というほどではないけれど、誰かが言っているのを耳にすると、なんだかモヤモヤ、ゾワゾワする……という声の多かった言葉を集めてみました。

親友、ファミリー呼び

「親友」と「友達」をあえて呼びわけるのは、相手をランク付けする失礼な行為。「私たちって親友」「俺たちはファミリー」とわざわざ呼び合わなくても安心できる関係性を築きたいですね。

自分のことを名字で呼ぶ

下の名前呼びは子どもや学生くらいまでならセーフ。しかし、大人の名字呼びは圧が強すぎてその後の話が頭に入ってこないぐらいの衝撃があります。個性は一人称以外のところで出しましょう。

「天職」なんだよね

天職とは、自分に合っていて、なおかつやりがいや意義が存分に感じられる仕事のこと。しかし、希望の仕事でなくてもがんばっている人はいますし、そもそも仕事観は人によって異なるもの。「今の仕事が好きなんだ」くらいの表現が◎。

こだわりの○○

「こだわりのウェディングドレス」「こだわりのマイホーム」……絶対にほめないといけないような強い圧を感じる言葉。こだわるかどうかはいわば自己満足の世界ですから、対外的にお伝えしなくてOK。

第2章

Shitsugen
Zukan

日常会話の言葉

11

雑談をするとき

言いがちレベル 70

失言かも

最近、どうですか？

答えが無限にある質問は、相手を戸惑わせてしまいます。〝雑なフリ〟は、場の盛り上がりを生み出せません。

言うならこっち

変わりないですか？

雑談を切り出すときの鉄板ワード、「最近、どうですか？」。一見、問題がなさそうに聞こえるフレーズですが、自分が言われたところをイメージしてみてください……なんて返したらいいか、見当がつかなくないですか？

実際には、「はい、元気です」「最近、○○にハマってて」「先週、△△へ旅行に行ってきました」など、どんな返しでも間違いではありません。でも、だからこそ、どう返せばいいのか迷わせてしまう、〝雑〟な問いかけだと言えます。

雑談をはじめる際は、「最近、変わりないですか？」のように、まずは「はい／いいえ」で答えやすい質問のほうが親切です。「ええ、変わりなく家族みんな元気です」、あるいは「最近、パートナーができまして」「いやー、実は腰を痛めてまして」などの答えをとっかかりに、自然と会話が広がっていきます。

質問を
投げかけるときは、
相手の
「答えやすさ」を
意識。

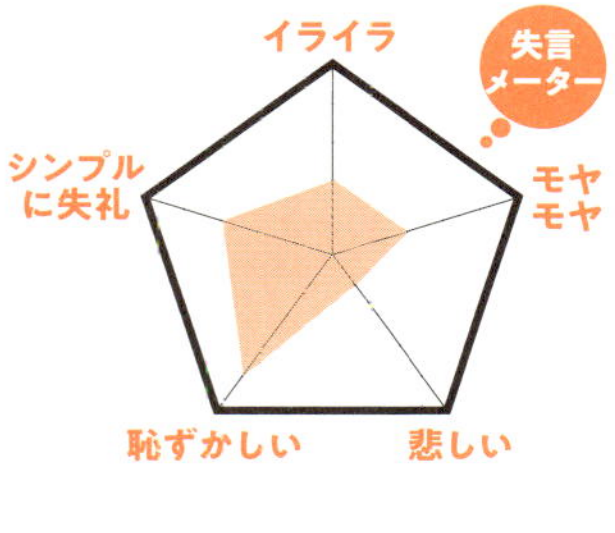

12 自分好みの話題をとり上げるとき

言いがちレベル 35

失言かも

○○って知らないですか？

相手に「知らない」と言わせて、「知ってる」マウンティングをとるための不要なひとこと。

言うならこっち

○○の話なんですが

自分しか知らないであろうトピック、たとえばマニアックな趣味や、最近行ったトレンドスポットについて話すとき。聞いてくれる相手に対して「〇〇って知らないですか?」と切り出す……これ、無意識なのかもしれませんが、相手に「知らないです」と答えさせることで、「知っている」自分を際立たせるためのひとことです。

「あなたは無知である」と念押しされたうえではじまると、なんだかモヤモヤしながら話を聞くことに。そのひとことさえなければ、〝変わった趣味のウラ話〟や〝ワクワクするような最新スポットの話〟を、ただ楽しく聞けたはずなのに……話す側も聞く側も、お互いにもったいないですよね。

相手が「知らない」ということを浮き彫りにするワンターンは不要です。おもしろい話は変な前置きをせず、単刀直入に話しはじめるのがいちばん。そのおもしろさをストレートに伝えましょう。

相手が
知らないことを
知っているから
といって、
別にえらくない。

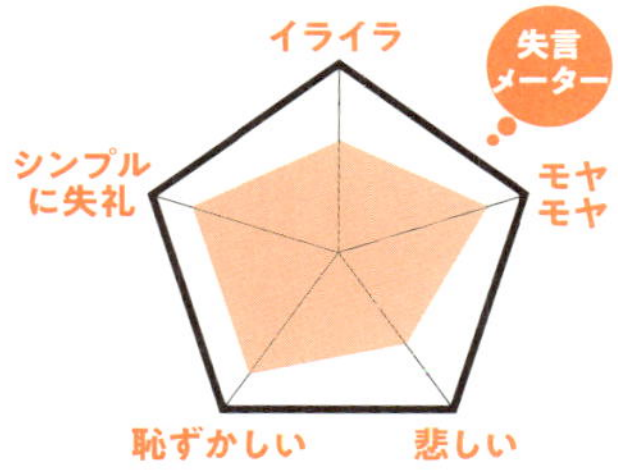

13

自分の意見を言うとき

言いがち
レベル
80

失言かも

普通は○○

「自分の考えが正義」と考える人が使いがちな言葉。「普通とは何か」を定義しない限り、軽々しく使えないはずです。

言うならこっち

私なら○○

「普通行くでしょ」「普通はそんなこと言わないでしょ」という言い方で相手を責める人がいますが……そもそも「普通」ってなんなんでしょうね。深く考えることなく、なんとなくこの言葉を使っている人がけっこう多いように感じます。

実際のところは、「普通は○○」と言うときのほとんどが、「普通」という言葉を盾にして、個人的な価値観を押しつけているだけなのかも。

子どもがほしいものを親にねだるときの決まり文句、「だって、みんな持ってるもん！」。親から「みんなって誰？」と聞かれ、「○○ちゃんと、△△ちゃんと、えーと……」と口ごもった記憶はありませんか？ あのときの「みんな」が存在しなかったように、絶対的な「普通」も存在しません。

あるのは個人の価値観だけ。そして、その価値観はけっして人と同じではありませんから、押しつけることのないようにしたいですね。

「一般的には」
「常識的に考えて」
とかも
やめたほうが
いいぞ。

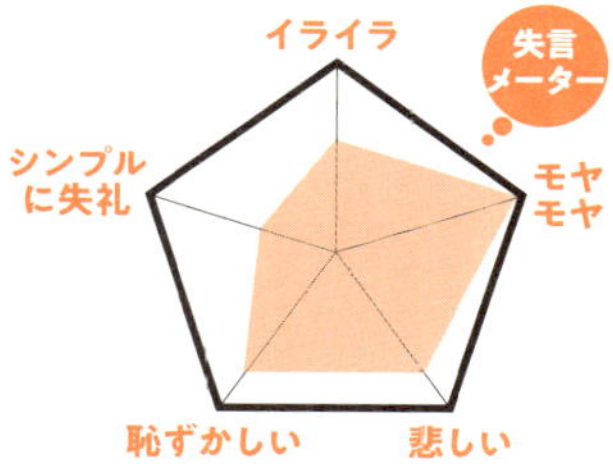
失言メーター
イライラ
モヤモヤ
悲しい
恥ずかしい
シンプルに失礼

14

感謝を伝えるとき

言いがちレベル 60

失言かも

わざわざありがとうございます

感謝を伝えるつもりが、逆に嫌味に聞こえてしまう可能性のある危険なフレーズ。本末転倒にならないよう、気をつけましょう。

言うならこっち

ありがとうございます。助かりました

先日はわざわざありがとうございました！
わざわざ……？

「してくれてうれしい」という気持ちを少し強めに伝えたいときに使う「わざわざありがとうございます」。丁寧なようにも聞こえるフレーズですが、特に目上の人には使わないほうが無難です。

「わざわざ」には、「しなくてもいいことをする」という意味があります。つまり、「わざわざありがとう」は、「(しなくてもいいことをしてくれて)ありがとう」という、どことなく〝ありがた迷惑〟というニュアンスが漂ってしまうフレーズなのです。

また、「わざわざ」とあえて言うことで、「あなたがしてくれたことに、私はちゃんと気づいていますよ」という自己アピールの気配もうっすら感じられ、言われた側は少しモヤモヤしてしまうかも。

感謝を深く示したいなら、「ありがとう」に加えて「〇〇で助かりました」と具体性を持たせるのがおすすめです。

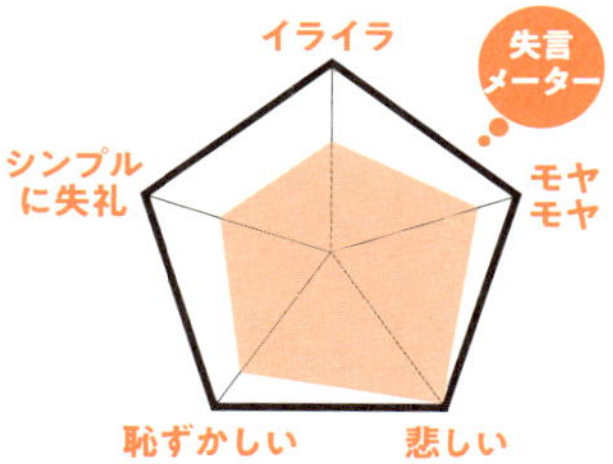

15

話を聞くとき

言いがちレベル 40

失言かも

その話、前に聞きました

何度も聞いた同じ話。「前に聞いた」とぶった斬るのではなく、相手を傷つけず、手短に切り上げさせる方法を身につけましょう。

言うならこっち

○○の話ですか？

同じ話を何回もする人がいます。何度聞いても必ず笑える話もまれにありますが、たいていは「あぁ、この話前も聞いたなぁ……」とうんざりしますよね。

だからといって、「その話、前も聞きました」とさえぎるのは、大人のふるまいとしてはスマートと言えないかも。せっかく気持ちよく〝持ちネタ〟を話している相手に対して、やさしくありませんよね。また、あなたは2回目、3回目でも、その場にいる他の人にとってははじめて聞く話かもしれません。

おすすめなのは、「〇〇の話ですよね？」と、その先に続く話の要点をまとめること。「私、その話知ってますよ」と暗に伝えることで、オチまでが短くなったり、別の話題に移ったりする可能性が高くなります。「あなたの話、きちんと覚えています」という姿勢も好印象です。

話の流れの中で「前もおっしゃってましたね」とあいづちを打つのも◎。

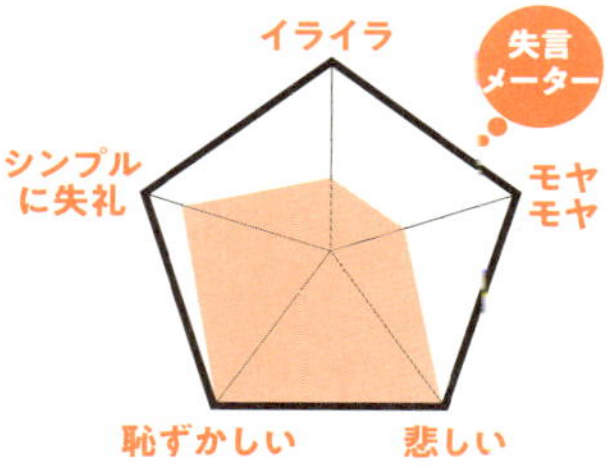
失言メーター
イライラ
モヤモヤ
悲しい
恥ずかしい
シンプルに失礼

16

雑談をするとき

言いがちレベル 40

失言かも

おもしろい話があるんですが

おもしろい話に「前フリ」は不要。事前に期待値を上げると、「おもしろい」の基準が無駄に上がってしまいます。

言うならこっち

○○の話なんですが

ぷ。ぷ。ぷ。-
おもしろい話があってさｗｗ
自分でハードル上げたな……

「この話、絶対にウケるだろうなぁ」というエピソード、誰しもひとつかふたつは持っているのではないでしょうか。

でも、その前フリに「おもしろい話があるんですが」と言うのはやめたほうがいいかも。「え？　どんなにおもしろい話なんだろう!?」と前のめりになった相手を心から満足させるのは、簡単なことではありませんから。「おもしろいｗ話がｗあるんですがｗｗｗ」などと笑いながら言うなんてもってのほか。上がりきったハードルを飛び越える人は、ほとんど存在しないと言ってもいいでしょう。

お笑い芸人じゃあるまいし、というか、お笑い芸人こそ「おもしろい話があるんですが」のようなフリは絶対にしません。変にハードルを上げて、自分で自分の首を絞めないでくださいね。不意を突かれるからこそ、おもしろい話はさらに輝きを増すのです。

相手に「なんかおもしろい話ある？」と聞くのもよくないぞ。

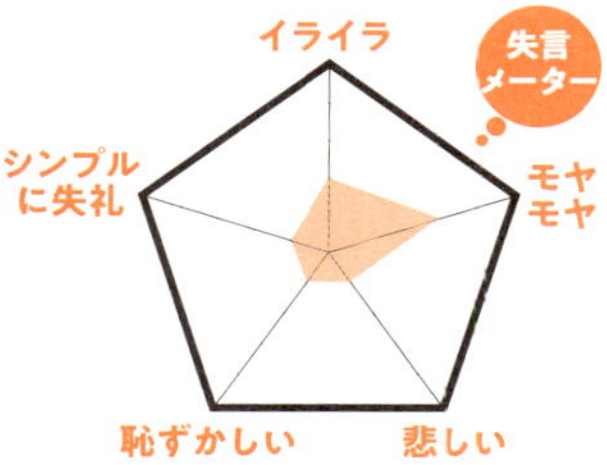

17

手土産を渡すとき

言いがち
レベル
62

失言かも

お口に合うかわかりませんが

かつて、謙遜が善とされていた頃によく使われていたフレーズ。
おいしいものは「おいしい」と伝えるのが今の時代。

言うならこっち

私は好きなお菓子で

お口に合うかわからないんですが……
もじ もじ
うちの近所で人気で私は好きなお菓子なんですぅ〜

取引先や親戚などに手土産を渡す際の決まり文句、「お口に合うかわかりませんが」「つまらないものですが」。謙遜が日本人の美徳とされていた頃、美しい日本語として重宝されていたフレーズです。

しかし、令和の今、相手に対して自分を低く見せる必要はなくなりました。逆に、「つまらないものですが」と謙遜することで、文字どおりに受けとる相手からは、「つまらないものを持ってくるだなんて……」と思われてしまう可能性も。

おいしいものは「これ、おいしいんですよ」と、堂々と持っていけばいいのです。いい時代になりましたよね。「〇〇で話題になっていて、食べてみたらおいしかったので」「行列に△分並んで買いました！」といったエピソードも込みで渡すと、トークも弾むでしょう。手土産を選ぶのも〝義務〟から〝楽しみ〟に変わります。

自信を持って
すすめられる
逸品を
見つけるのじゃ。

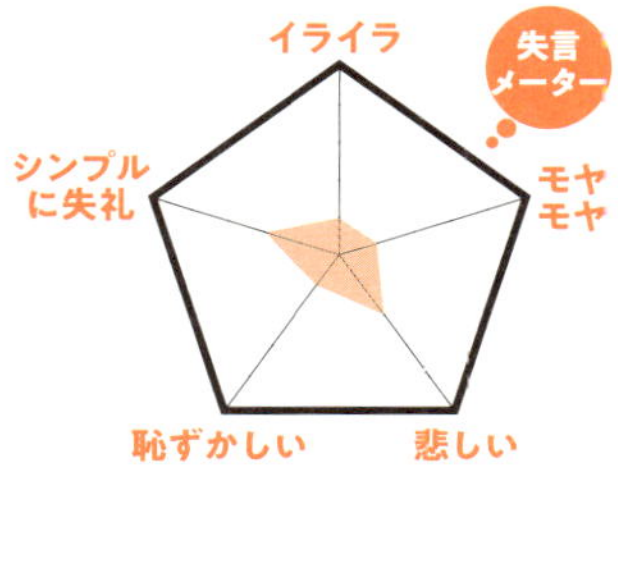
失言
メーター
イライラ
モヤモヤ
悲しい
恥ずかしい
シンプルに失礼

18

雑談をするとき

言いがち
レベル
90

失言かも

暑さヤバいですね

天気は万人に共通の話題。暑さ寒さがどんなに厳しくても、できればネガティブではない表現で共感し合いたいもの。

言うならこっち

夏らしい気候ですね

暑すぎてヤバいよね
夏らしい日差しだね〜
GOOD!

「雑談＝天気の話」とも言えるぐらい、天気は万人にとっての共通の話題です。夏は「暑いですね」、冬は「寒いですね」と言い合っていれば、とりあえずの間は持ちますよね。

でも、いくら昨今の夏がケタ外れの異常な暑さだからといって、「暑さヤバいですね」のような言い方は、印象があまりよくないかも。

「暑さがヤバい」のは誰もが感じている事実であり、口に出すことでかえって鬱陶しさが倍増します。「ヤバい」という言葉も、よほど気心の知れた間柄ならまだしも、スマートさに欠ける言い回しです。口をついて出がちな言葉なので、日頃から気をつけましょうね。

大人同士の付き合いなら、できれば、「夏らしいですね」「夏本番ですね」などの言い回しで、品よく共感し合いたいもの。寒さや大雨についても同じです。

季節を
表現する言葉は
たくさんあるぞ。

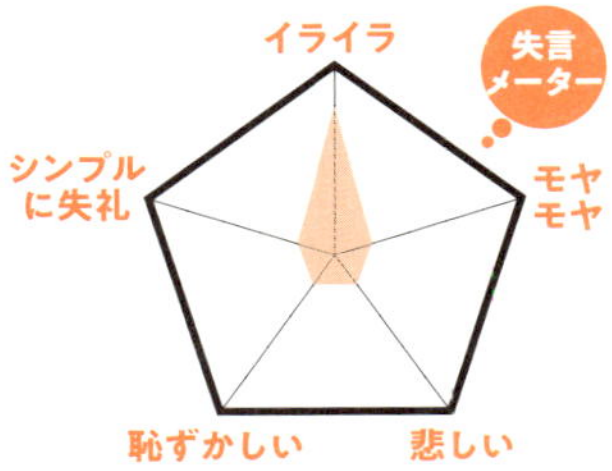
失言メーター
イライラ
モヤモヤ
悲しい
恥ずかしい
シンプルに失礼

19

様子をうかがうとき

言いがち
レベル
80

失言かも

がんばってる？

成果が上がっていても、心の中に苦しさを抱えながらがんばっている人もいます。安易な声がけは、さらに追い詰めてしまう結果に。

言うならこっち

困っていることない？

黙々と仕事を進める部下や、受験勉強に励む子ども。様子をうかがう際につい言いがちなのが「がんばってる？」のひとこと。軽い気持ちで言ったその言葉が、相手にとっては大きなプレッシャーになる可能性をはらんでいます。

仕事も勉強も、業績（成績）を上げるには並々ならぬ努力が必要です。また、業績をうまく上げられていたとしても、なんらかの苦しさを抱えながら仕事や勉強に向き合っている人もいます。そんな彼らに漠然と「がんばってる？」と声をかけても、おざなりな「はい、がんばってます」という返事があるだけでしょう。

ポイントは、「何か困っていることない？」と具体性を持った問いかけをすること。そこで「○○に困っています」と返ってきたなら、相手のためにできることを全力でしてあげましょう。

がんばっているか
どうかではなく、
気持ちのほうに
フォーカス
するのじゃ。

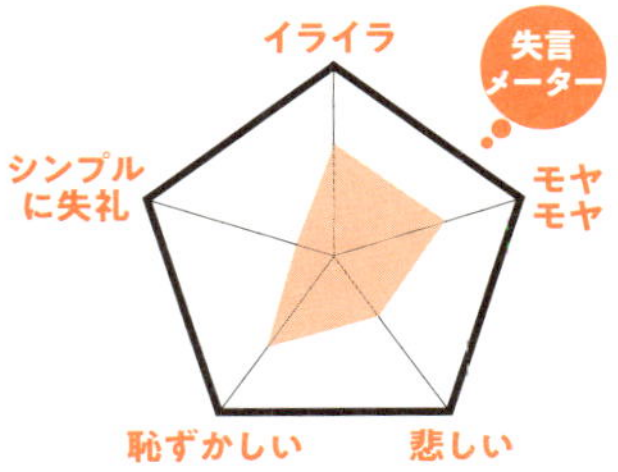
失言メーター
イライラ
モヤモヤ
悲しい
恥ずかしい
シンプルに失礼

20

様子をうかがうとき

言いがち
レベル
70

失言かも

仕事大丈夫？

心配して言ったひとことが、部下を「自分は頼りないのかな」と不安がらせます。〝人〟にフォーカスする発言は時代に合っていないのかも。

言うならこっち

何か手伝えることある？

連日、残業が続いている部下を見ると、「大丈夫かな?」と心配になりますよね。

しかし、それをそのまま「仕事大丈夫?」と聞くと、がんばっている部下に「自分はちゃんとできていないのかな、頼りないのかな」と思わせてしまうかも。下手すれば、せっかくの彼らのやる気を削ぐ結果になってしまいます。

おすすめは、「何か手伝えることはないかな?」と、〝人〟ではなく、〝業務〟に焦点をあてた聞き方をすること。そうすれば、「書類づくりのここがうまくいかなくて……」「先方からの返事がなかなかなくて……」など、部下が困っているポイントも明らかになるでしょう。具体的なアドバイスにつなげられるため、上司・部下の双方にとってメリットがあります。

〝心配〟の表現はけっこう難しい。押しつけがましくならないように。

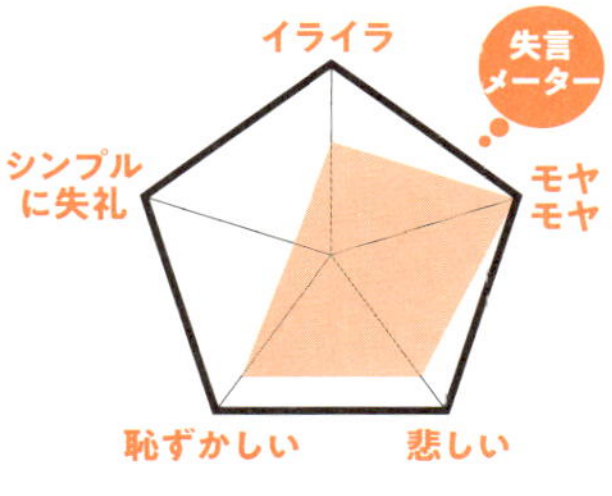

21

約束をするとき

言いがち
レベル
65

失言かも

今のところは大丈夫です

「あなたの約束は、のちのちキャンセルになる可能性がある」ということをほのめかす、ある意味とても失礼な言い方です。

言うならこっち

大丈夫です

おつかれ〜☺
既読 17:06
再来週の日曜ランチしない?
既読 17:06
今のところ行けるよ〜
モヤモヤ
モヤモヤ
モヤモヤ

約束をするとき、日時について「今のところは大丈夫です」と言う人がいますが、これは「他に用事が入ったらNGになります」と言っているようなもの。言われたほうは「私って優先順位低いのかな……」という気持ちにもなるでしょう。

先のことがどうなるかは、誰にもわかりません。どんなに大切な用事も、仕事や家族のトラブル、あるいは天変地異でキャンセルになることはいくらでもありえます。

だから、アポイントは「大丈夫です」で確約し、ダメだった場合は謝罪とともに断ればいいのです。「今のところ」というフレーズで相手に無駄な〝キープ感〟を感じさせるほうが、もしかするとドタキャンより失礼と言えるかもしれません。

用事に優劣が
あることを相手に
感じさせるのは
マナー違反じゃ。

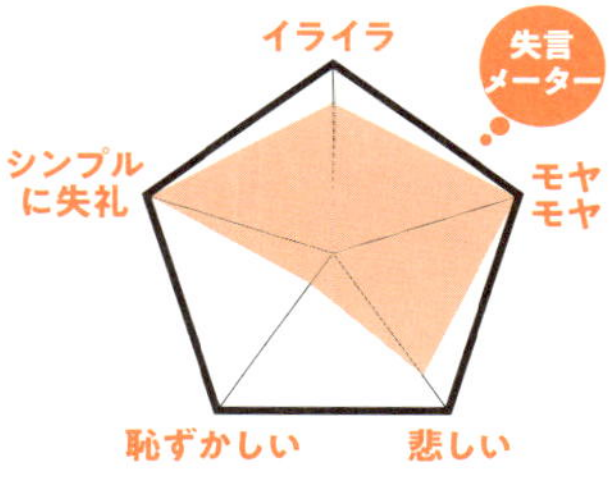
失言
メーター
イライラ
モヤモヤ
悲しい
恥ずかしい
シンプルに失礼

22

約束をするとき

言いがち
レベル
75

失言かも

行けたら行きます

イエスなのかノーなのかがわかりにくく、幹事の次のアクションをとめてしまうひとこと。自分本位な人と思われても仕方のない発言です。

言うならこっち

行きたいです

あ
今日の新人歓迎会なんですけど……
あ〜
会議終わってもし行けたら行くよー

一度でもなんらかの幹事をしたことのある人ならおわかりでしょうが、「行けたら行きます」という答えほど困るものはありません。

頭数に入れていいのかどうかもわからないし、来るかどうかがいつ確定するのかも不明。「行く気分にならなかったら行かない」のようにも聞こえ、優先度が低いことも感じさせます。

もし、はじめから行く気がないのなら、はっきりと断ったほうがお互いのためになります。本当に「行きたいけど、まだわからない」という状況の場合は、まず「行きたいです」という気持ちのほうを強く伝えるようにしましょう。

そして、「お返事まで〇日ください」「〇日になれば行けるかどうかわかります」と期日を決めると、相手の負担も少なくなります。

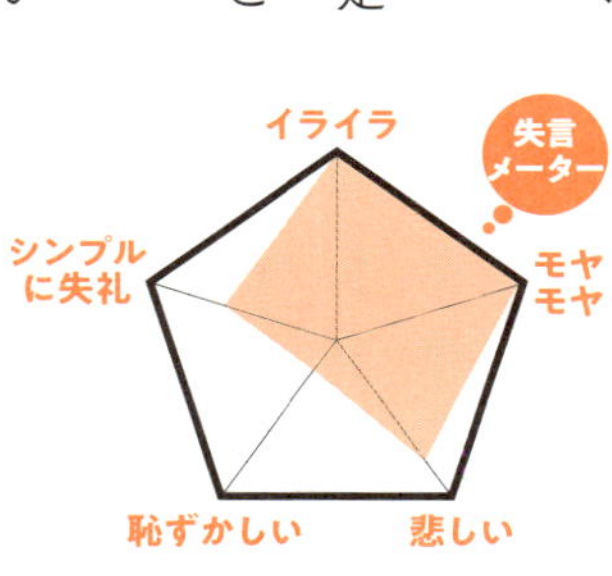
失言メーター
イライラ
モヤモヤ
悲しい
恥ずかしい
シンプルに失礼

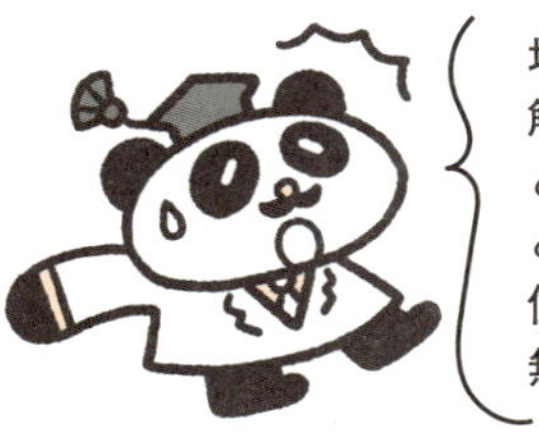
地域によって解釈が異なるという説も。どっちにしろ使わないほうが無難。

23

秘密を共有したいとき

言いがち レベル 63

失言かも

ここだけの話

内緒話は「あなたとだから」するものであってほしい。誰とでもうわさ話をしていそうな人は、信頼されません。

言うならこっち

抱えきれなくて〇〇さんだから聞いてほしいんだけど

ここだけの話だけど
う、うん
スー
ひとりじゃ抱えきれなくて聞いてもらっていい？
スー

子どもの頃からみんな大好きな内緒話。「あの人は○○らしいよ」といううわさ話から、自分自身が抱える悩みまで、秘密の共有は相手との仲を深めてくれますよね。

そんなときに使いがちな枕詞が「ここだけの話」。「この先は内緒の話だよ、口外しないでね」という前置きになるフレーズですが、これを言う人は「ここだけ」と言って、どこでも同じ話をしていそうな印象があります。うわさ話をし慣れていて、ちょっと下品な感じがしませんか？

本当に「ここだけの話」なら、「抱えきれなくて○○さんだから聞いてほしいんだけど」のように、「この話、〝あなた〟だから聞いてほしいの」というニュアンスがあると◎。品もあり、相手との仲もより深まるかも。

内緒話をするなとは言わん。できれば品よくコソコソするのじゃ。

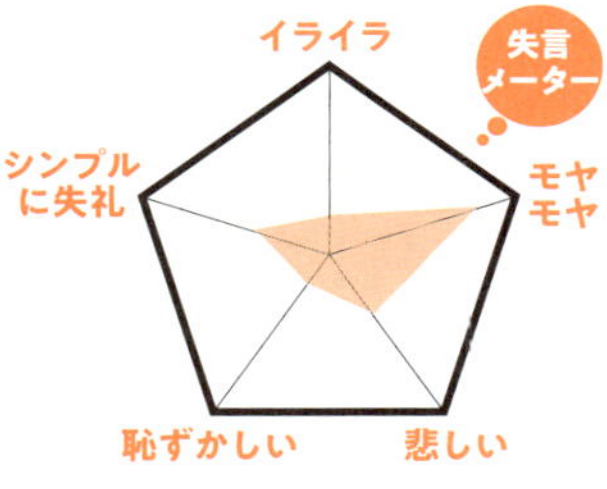
失言メーター
イライラ
モヤモヤ
悲しい
恥ずかしい
シンプルに失礼

24

感想を伝えるとき

言いがち
レベル
88

失言かも

参考になりました

相手を持ち上げるための〝定型文〟。本心から言ったとしても、なかなか相手の心には響きません。

言うならこっち

○○が参考になりました

マジで参考になりました〜！

上司や取引先の担当者との会話は、友人とのそれとは違って緊張はするものの、多くの学びがあります。

その際、目下の側から言いがちなフレーズが「参考になりました」「勉強になりました」。もはや、なんの学びもなくても、会話の締めの言葉として、毎回のように使ってしまっている人もいるのでは？

判で押したような〝定型文〟は、相手の心に響きません。本当に「参考になった」という感謝の気持ちを伝えたいなら、「〇〇の話が参考になりました」と、具体的なエピソードを盛り込むようにしましょう。

さらに、「△△のときに実践してみます！」などとつけ加えれば完璧。相手は「話したかいがあった」とうれしい気持ちになり、あなたの好感度もグッと上がります。

子どもの頃の読書感想文と同じ。具体例を入れることで真実味が出るぞ。

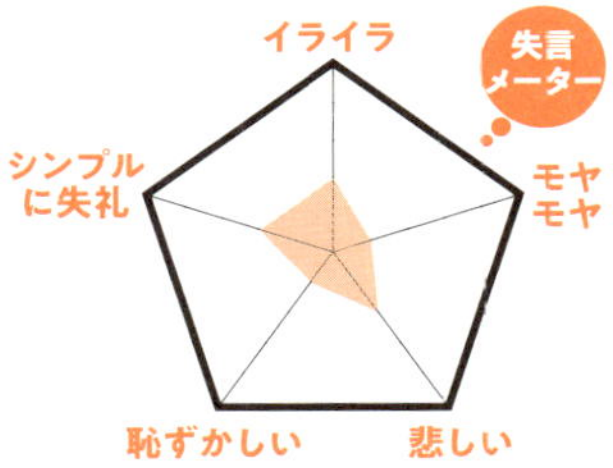

25

相手のことを知りたいとき

言いがち
レベル
75

失言かも

趣味は？

今、趣味を聞かれると困る人が増えているそう。確固たる趣味を持たなくても十分に楽しめるのが、今の世の中です。

言うならこっち

休みの日って何してる？

「趣味はなんですか?」。初対面同士の会話のセオリーとも言える質問ですが、今、「聞かれても困る」という人が増えているとか。サブスクの登場で、音楽や映像作品が身近になりすぎた結果、かつては王道だった「音楽鑑賞」や「映画鑑賞」が趣味として成立しづらくなりました。

一方で、推し活がブームになり、精力的に活動する人もいる。その結果、特に熱狂する対象を持たない人を「私の趣味ってなんだろう?」と悩ませてしまう事態になっているのです。

趣味は、別に「絶対に持つべきもの」ではありません。むしろ、特に選ばなくても楽しいコンテンツが世にあふれている今、確固たる趣味を持っている人のほうが少数派かも? 相手の人となりを知りたいなら、休みの日の過ごし方を聞くぐらいがちょうどいいでしょう。

キャンプにヨガにカメラ……
趣味らしい趣味、誰もが持っているわけではないぞ。

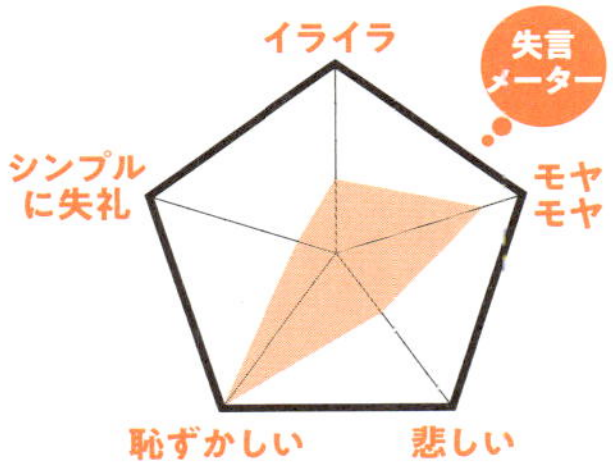

26

相手のことを知りたいとき

言いがちレベル
68

失言かも

（パートナーとの）出会いは？

パートナー同士の出会いの形も多様化している現代。誰もが胸を張って言える出会い方をしているとは限りません。

言うならこっち

一緒に何して過ごしてるの？

旦那さんとの出会いは？
大学の同級生
私は前の職場で！
うちはアプリだしな……この話題苦手……

「今度、結婚することになったんだ」と報告を受けたとき、あるいは、職場や子どもの保護者同士の飲み会でいつもより一歩踏み込んだ話になったとき、パートナーの話題は大いに盛り上がります。つい、2人のなれそめについても聞きたくなるところですが、できればやめておいたほうがいいでしょう。

今は、出会いの形も多様化しています。誰もが「職場の同僚」「大学の同級生」のような、どこに出しても恥ずかしくない出会い方をしているわけではありません。

SNSやマッチングアプリもかなり一般的になってきたものの、まだまだ恥ずかしさを感じる人がいるのも事実。相手が自分から話しはじめるまでは、ふれないでおいたほうが無難な話題です。

「合コン」「ナンパ」
を「友人の紹介」
という言葉で
ぼやかしていた
時代もあったなぁ。

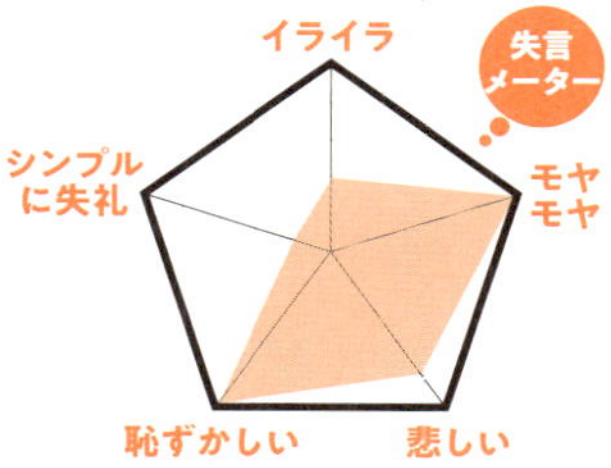
失言
メーター
イライラ
モヤモヤ
悲しい
恥ずかしい
シンプルに失礼

27

呼びかけるとき

言いがち
レベル
85

失言かも

（お店の人などに）すみません！

間違いではないが上品さに欠ける呼びかけ。自分が「お願いする側」だということを忘れないようにしたいもの。

言うならこっち

お願いします

飲食店で注文をするのに店員さんを呼んだり、職場でわからないことがあるときに少し離れた場所にいる先輩に呼びかけたりするとき。「すみません！」と言うのは、間違いではありませんが、できれば避けたい言い回しです。

同じ意味合いなら、「お願いします」のほうがスマートに響きます。ガヤガヤした居酒屋で、同じように大声を出すなら、「すみませーーん!!」より「お願いします！」のほうが、店員さんが早く駆けつけてくれるような気がしませんか？　声は大きくても、呼びかけには上品さを保ちたいものです。

ちなみに、まさか今どきいないとは思いますが、パンパンと拍手したり、指を鳴らしたりして呼ぶのは論外です。

お店でのふるまい方が、その人の印象を決定づけるぞ。

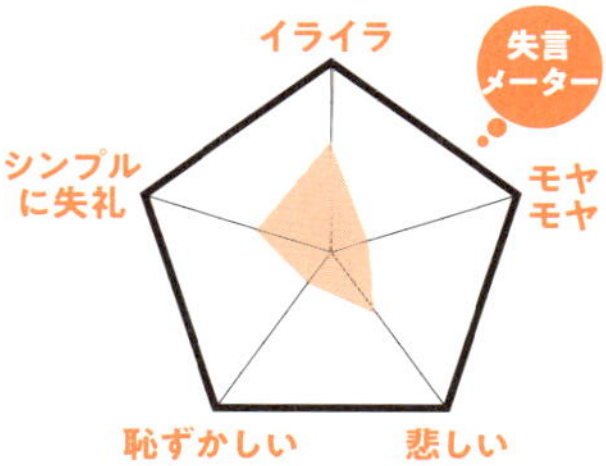
失言メーター
イライラ
モヤモヤ
悲しい
恥ずかしい
シンプルに失礼

28

呼びかけるとき

言いがち
レベル
61

失言かも

（お店の人などに）お兄さん、お姉さん

親しみを込めたつもりが、逆に相手をイラッとさせてしまう可能性がある呼びかけです。相手を軽んじている空気も漂います。

言うならこっち

名前or職種で呼ぶ

飲食店やショップで、店員さんに「お兄さん、お姉さん」と呼びかける人がいます。親しみを込めた言い方なのかもしれませんが、呼ばれる側としては、あまりいい気持ちはしないようです。「私はあなたのお姉さんじゃない」と思う人も。

また、お子さんがいる方が「ほら、あそこのお姉さんに聞いてごらん?」などと子どもに言う場合もあるでしょう。「おばさん」ではなく、「お姉さん」と呼ぶのができた大人としての気づかいですよね。しかし、さらに一枚上手の相手に「いや、お姉さんなんて呼んでもらって悪いね! おばちゃんでいいよ!」などと、余計な自虐をさせてしまうことにつながるかも。「お姉さん」か「おばさん」かという〝判断〟が必要な呼び方ではなく、「店員さん」や「看護師さん」、わかる場合は名前で呼ぶのが変なリスクもなく誰も傷つけません。

高級レストランの
店員さんを
「お兄さん、
お姉さん」とは
呼ばないじゃろ。

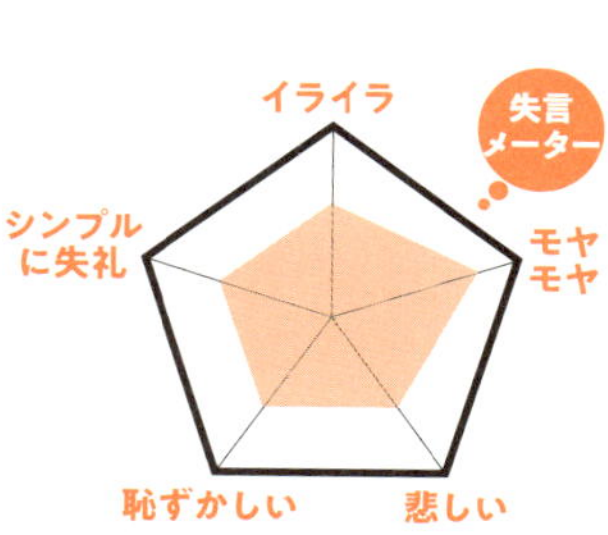
失言メーター
イライラ
モヤモヤ
悲しい
恥ずかしい
シンプルに失礼

失言研究コラム②

言葉以外もモヤモヤの原因に!?
-音・匂い編-

相手をモヤモヤさせるのは言葉だけではありません。
失“行動”とでも呼ぶべき、発言以外のふるまいの数々。
思いあたるふしのある人は要注意!?

音

- オフィスやカフェで強くキーボードを叩く音
- 急いだり、階段を上ったりするときの足音
- カバンや物を置く音
- イスにどかっと座る音

大きな音を立てると、周りの人に“機嫌が悪いアピール”に受けとられ、気を使わせてしまいます。

- 食べるときのくちゃくちゃ音
- 飲み物やスープをすする音
- くしゃみ、ため息、あくび

生理現象の音は嫌悪感につながりやすいです。なるべく目立たないよう気をつけましょう。

匂い

- 香水の匂い
- 柔軟剤の匂い
- ルームフレグランスの匂い
- お香の匂い

匂いに対するセンサーは人それぞれ。特定の香りを苦手としている人も多いです。よかれと思ってつけたはずが、かえって逆効果になることも。

第3章

Shitsugen
Zukan

ほめる
言葉

29

行動をほめるとき

言いがちレベル
80

失言かも

さすが

あまりにメジャーすぎるほめ言葉ゆえに、使いすぎると重みがなくなり、〝お世辞感〟も漂います。

言うならこっち

○○なんてさすがですね

「さ」さすが、「し」知らなかった、「す」すごい、「せ」センスいい、「そ」そうなんだ――この5大ワードをまとめて「ほめ言葉のさしすせそ」と言われています。

「さすが」は、この中でも筆頭に挙げられるほどメジャーなほめ言葉です。話の中でちょっとでもすごいと感じることがあると、即座に「さすが!」と言ってしまう人、けっこう多いかもしれませんね。

しかし、気軽に使うと「とりあえず言っている」感じがして、せっかくの「ほめ」に重みが感じられません。あまり連発しすぎると、相手を不要に持ち上げるお世辞っぽさも漂います。

ほめるときは、「こんなにすてきな店を選ぶなんてさすがですね」「もうプレゼン資料をつくり終えたなんてさすがだね」など、相手のどんな部分に「さすが」と感じたのか、具体例を添えるのがGOOD。

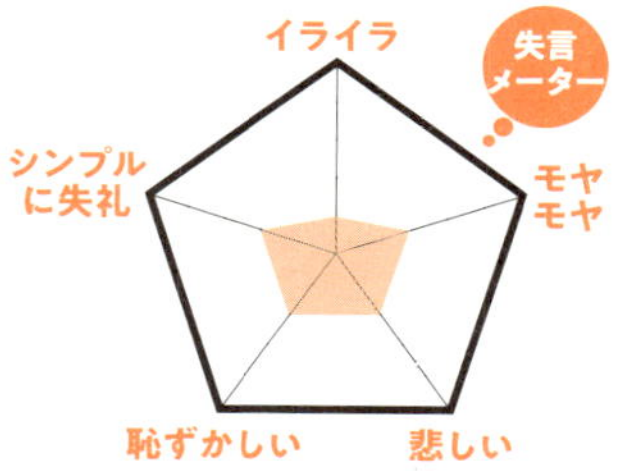
失言メーター
イライラ
モヤモヤ
悲しい
恥ずかしい
シンプルに失礼

特に
目上の人に
対しては
使わないほうが
いいぞ。

30

感想を伝えるとき

言いがち
レベル
65

失言かも

すばらしい

どことなく「評価」のニュアンスを感じるほめ言葉。ほめるときは「いい／悪い」ではなく「好き」を伝えましょう。

言うならこっち

これ好きです

映画や漫画、音楽などの作品に対して「すばらしい」、人の行いに対して「すばらしい」。よく使いがちなほめ言葉ですが、実は注意が必要なワードです。

「すばらしい」には「評価」のニュアンスが含まれます。つまり、手放しでほめたつもりが、相手には「いい／悪い」のジャッジを下しているように伝わるのです。目上の人には使わないほうがいい言葉のひとつと言えるでしょう。

ほめるときは、「評価を下す」のではなく、素直に「好き」という気持ちを伝えることを意識しましょう。作品をほめるなら「○○のシーンに惹き込まれました」、人をほめるなら「こんなふるまいができるなんて、尊敬します」と、「どこが好きか」を述べると好印象です。

熱量高く
「いかに好きか」
を伝えるのが、
いちばんの
賞賛じゃ。

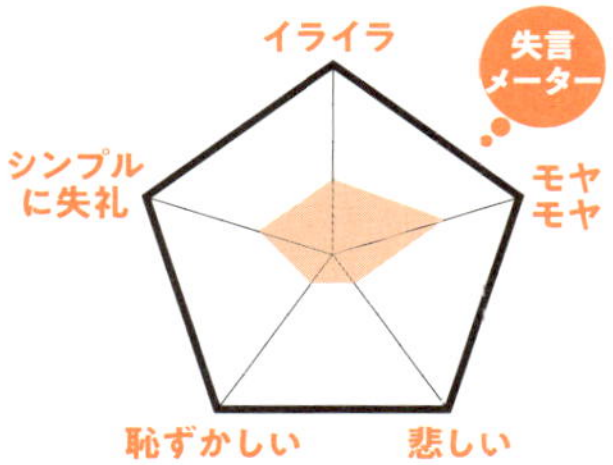
失言メーター
イライラ
モヤモヤ
悲しい
恥ずかしい
シンプルに失礼

31

キャラクターをほめるとき

言いがちレベル
58

失言かも

明るいね

性格をほめるのは難しいこと。「明るい」という言葉のとらえ方も人それぞれで、素直にほめ言葉として受けとってもらえるかは微妙。

言うならこっち

○○さんがいると安心する

根っから明るいもんな～悩みとかなさそう
元気ない日もあるんですけど……

元気にあいさつしてくれて、いつでもにこにこ笑顔。いるだけでパッとその場が華やぐ人っていますよね。

そんなすてきな人に、「明るいね」というほめ言葉はあまり響かないかもしれません。あまりにも漠然としているし、その人も、別に「明るい」ことをめざしているわけではないでしょう。

むしろ、ほめたつもりが「悩みがなさそう」「何も考えていなさそう」のように聞こえ、相手を悩ませてしまう可能性も。

どうしてもその人のキャラクターをほめたい場合は、「明るい○○さんがいると安心します」「場の雰囲気が明るくなりますね」などのように、その人が「明るい」ことによる「効用」を伝えたほうがうれしく感じてもらえるでしょう。

「暗いね」とは
言わないように、
「明るいね」も
言わなくていい。

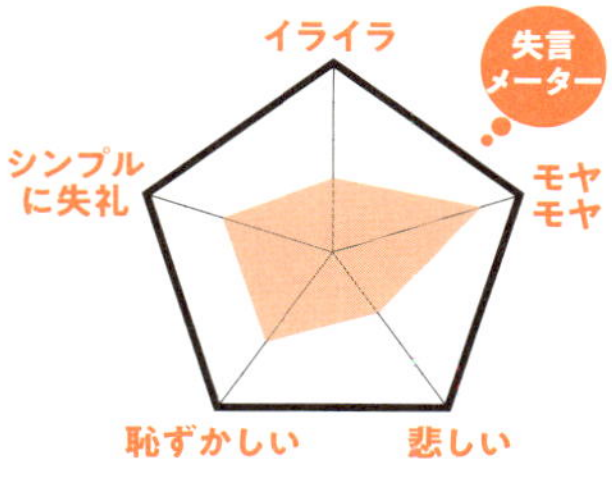

32

キャラクターをほめるとき

言いがちレベル
50

失言かも

コミュ力高いよね

社会人の必須スキルとされながらも、どこかとらえどころのない「コミュニケーション力」。漠然としていて、ほめられた実感がわきません。

言うならこっち

○○さんがいてくれると助かる

まぁお前はコミュニケーション力が取り柄だから
ガヤガヤ
ハイ……
ガヤガヤ

「コミュ力高いよね」も、P84「明るいね」と同様、漠然としていて、ほめられているのかどうかがわかりづらい言葉です。

「コミュニケーション力」は誰もが身につけたいと願う能力ですが、実態があるような、ないような、つかみどころがないスキルとも言えます。そこをほめられると「それ以外にほめるところがないのだろうか」と思ってしまう人も。コミュニケーション力以外の企画力、プレゼン力、ITスキルといったさまざまな能力を身につけようと努力している人ほど、そう考えてしまうようです。

「明るいね」と同じように、ほめるなら、「○○さんがいてくれると会議がスムーズに進んで助かる」のように、コミュニケーション力があることによる具体的な効果を挙げるのがおすすめです。

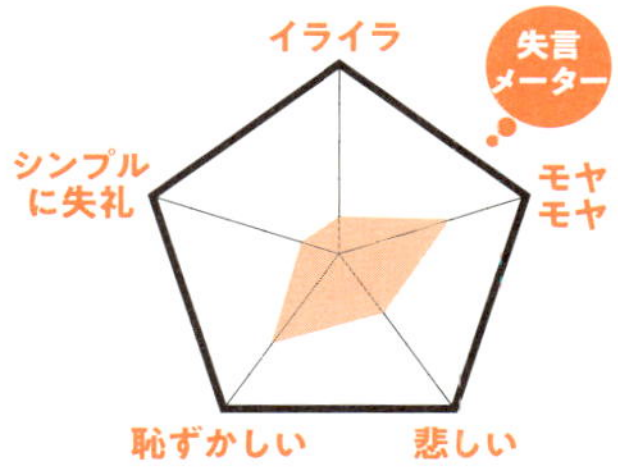
失言メーター
イライラ
モヤモヤ
悲しい
恥ずかしい
シンプルに失礼

無理して
コミュ力が
あるように
ふるまっている
人もいるぞ。

33

行動をほめるとき

言いがちレベル 60

失言かも

運がいいね

その成功に至るまでの努力や行動を、一瞬にして無効化してしまう言葉。「運」以外の要素こそが成功のカギであることを忘れないで。

言うならこっち

よくがんばったね

運がよかったね
はうっ
よくがんばっていたからね〜
ありがとうございます!

「運も実力のうち」と言います。大谷翔平選手をはじめ、一流のアスリートは運を自分のものにするべく、道端のゴミを拾うなどの「徳を積む」行為をしているとか。

ただし、それを人から言われたら、どんな気持ちになるでしょうか。仕事で大きな成功を収めたとき、希望する学校に子どもが合格したとき、「運がよかったね」。それまで磨いた実力や、積み重ねた努力が、一気に無効化されたような気分になるはず。

揺るぎない実績を持つ大谷選手を見てもわかるように、運は、あくまでも実力や努力の先にあります。何かを成し遂げた人がいたら、まずは「よくがんばったね」「努力したんだね」とその人自身をたたえる言葉をかけてあげましょう。

「ラッキーだったね」
も英語に
しただけで
同じ意味合いじゃ。

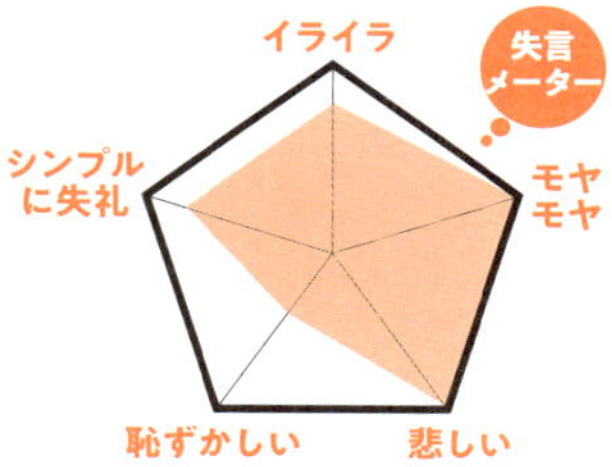
失言メーター
イライラ
モヤモヤ
悲しい
恥ずかしい
シンプルに失礼

34 感想を伝えるとき

言いがち
レベル
75

失言かも

上手！

「上手／下手」を明確にジャッジしている言葉。大人同士の会話には向きません。「上手」とほめるのは子どもの絵や歌だけにしましょう。

言うならこっち

わーすてき！

「上手」も、評価する言葉です。ほめたい相手、特に目上の人を「上手／下手」の尺度にあてはめるのはあまりよくありません。

子どもの絵を「上手！」とほめるのはいいですが、美術館に展示されている画家の絵を見て「上手！」と言う人はいませんよね。

プロの歌手のコンサートに行ったら、上手か下手かを考える間もなく聞き惚れてしまい、「すてきな歌声に感動しました」などのほめ言葉になるのではないでしょうか。

プロ相手でなくても、ほめるときは、「評価する」のではなく、「私は好き、私はすてきだと思う」という気持ちのほうをアピールするのが基本です。「このデザイン案のここが好きです」「さっきのプレゼン、わかりやすくてすてきでした」など、「いい」と思ったポイントを率直に伝えましょう。

「お上手」になると、さらにお世辞感が漂うぞ。

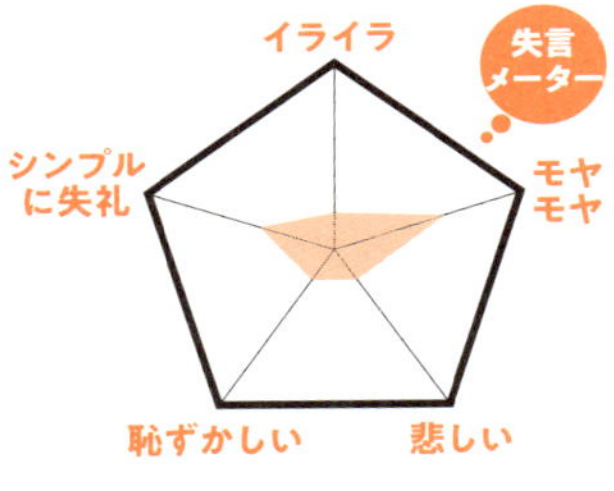
失言メーター
イライラ
モヤモヤ
悲しい
恥ずかしい
シンプルに失礼

35 キャラクターをほめるとき

言いがちレベル 85

失言かも

かわいい

本来は「小さいもの」「か弱いもの」に使う言葉。社会人として、特に異性間で使う際には注意が必要なワードです。

言うならこっち

すてきですね、いいですね

部長のネクタイかわいいですね〜
ホントだ〜かわいいパンダ柄〜

子どもや動物、愛くるしいキャラクターなどを見たとき、つい口をついて出る「かわいい」という言葉。「今日の髪型かわいい」「そのネイル、かわいいね」など、その人自身や持ち物をほめるときにもよく使いますよね。

しかし、この「かわいい」、もともとは「小さいもの、弱いものに心ひかれるさま」という意味があります。本来の意味を踏まえると、目上の人には使わないほうがいいかも。

特に、異性に対して使うと必要以上に意味ありげに響くので、注意しましょう。男性が女性に対して使うのはもちろん、女性が男性に対して使うのもよくありません。

子どもに言うのでもない限り、ほめるときは「すてきですね」「いいですね」がいいでしょう。

「かわいい～!」と共感し合うのは仲のいい友達とだけじゃ。

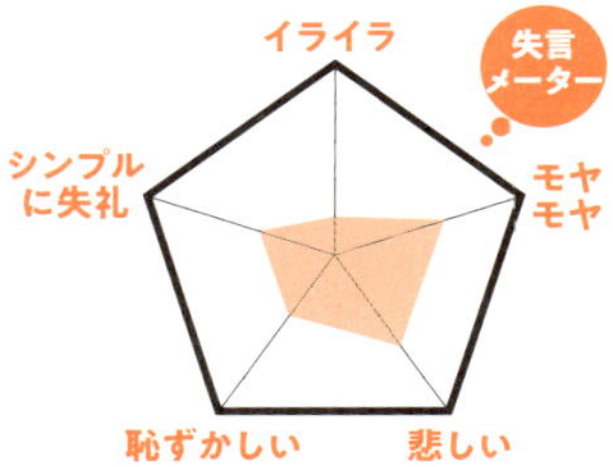
失言メーター
イライラ
モヤモヤ
悲しい
恥ずかしい
シンプルに失礼

36 変化に気づいたとき

言いがち
レベル
40

失言かも

やせた？

「やせてるね」と言われてうれしい人ばかりではありません。そもそも、体型への言及はやめておいたほうがいい時代です。

言うならこっち

（一対一のとき）
なんか雰囲気変わった？

最近
やせたよね??
いえいえ！
変わってないですぅ
ピクッ

SNSにはダイエットのための情報があふれ、やせていることが善とされがちな世の中です。「やせた？」と聞くことを、ほめ言葉と認識している人も多いでしょう。

しかし、「やせた」と言われてうれしいかどうかは人によります。もともと華奢なことを気にしている人もいるし、体調が悪い人もいるでしょう。また、実際にはやせていないケースもよくあり、「いや、別にやせてないです」と否定しなければならないのも負担です。さらに、そのやりとりを見る周囲の人をも微妙な気持ちにさせてしまいます。

相手の変化にどうしても言及したいなら、一対一のときに言うように心がけて。「雰囲気変わった？」なら嫌な気持ちはしませんし、「実は、○○ダイエットが成功したんです！」などの回答が返ってきて、その後の会話が弾むなんてことも。

やせ至上主義も
そろそろ
古いかも
しれんぞ。

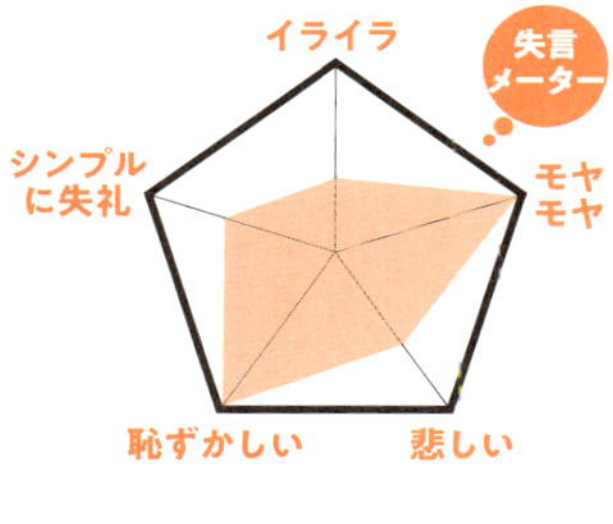

37 年齢を聞いたとき

言いがち
レベル
50

失言かも

若い！

明らかに年下の相手の〝若さ〟をほめても、相手を困らせるだけ。年齢差を強調せず、意識させないようにするのが大人の配慮です。

言うならこっち

誰と同い年？

お互いに年齢を明かすとき。相手が年上の場合は「下手なことを言わないように」という意識が働きますが、年下の場合、なぜかガードが甘くなってしまいがち。反射的に「わかーい！」なんて言ってしまうこともあるのでは？　しかも、ほめる意味も込めたつもりで。

若さだけをほめられても、相手は回答に困るだけ。「ははは……」と愛想笑いでもするか、「ありがとうございます……」と謎の感謝をするぐらいしかできません。「若い／若くない」という線引きをあえてすることで、必要以上に年齢差を感じさせることにもつながります。

年齢はあくまで数字ですから、年上だからといって卑下する必要はありません。「有名人だと誰と同い年なの？」など、会話を楽しく続けられるような返しがいいでしょう。

どの年にも誇れる
ビッグネームの
同級生がきっと
いるはずじゃ。

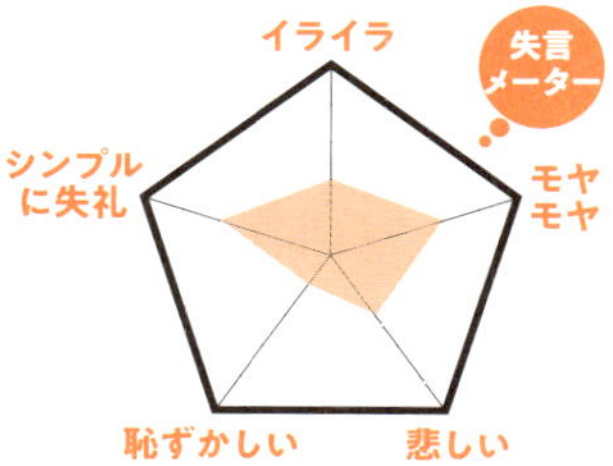
失言メーター
イライラ
モヤモヤ
悲しい
恥ずかしい
シンプルに失礼

38 見た目をほめるとき

言いがちレベル 40

失言かも

スタイルいいよね

ほめ言葉であっても、見た目への言及は慎重に。どうしてもほめたいなら、事実に「いいね」という気持ちを添えて。

言うならこっち

スラッとしてていいね

ホントにスタイルいいし
背高いし色白だね!
いよっ!
……

背が高くてスリムな、いわゆるモデル体型の人に向かって言う「スタイルいいよね」。言う側としては、これ以上ないぐらいのほめ言葉のつもりでしょうが、言われる側としては複雑なようです。

というのも、「スタイルがいい」のは単なる〝事実〟。スタイルがいい人は、これまで数えきれないぐらい言われてきているはずです。ほめたいなら、「スラッとしてて（事実）＋いいね（ほめ言葉）」のように、自分の気持ちも込みで言ったほうが相手の心に伝わるでしょう。

他にも、「背高いよね」「筋肉質だよね」「色白だよね」などもほめ言葉のつもりで言いがちです。同じように注意してくださいね。

ただし、こうした見た目への言及は、異性間では〝下心〟としてとらえられることもありますので慎重に。

若さと同じように、
事実だけ言っても
相手を困らせる
だけじゃ。

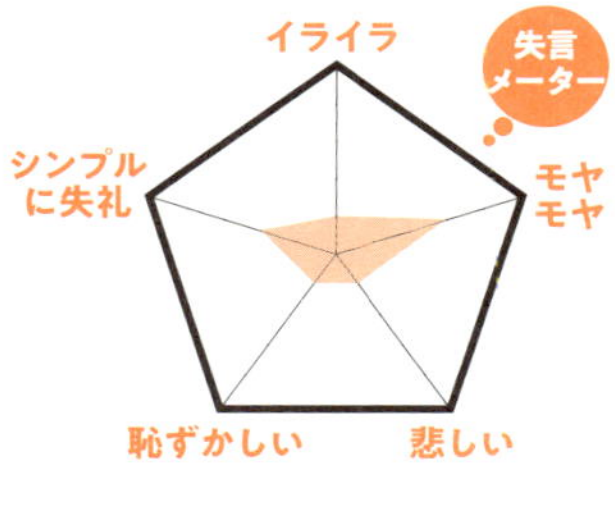
失言メーター
イライラ
モヤモヤ
悲しい
恥ずかしい
シンプルに失礼

39 見た目をほめるとき

言いがちレベル 30

失言かも

美人だよね

見た目重視をよしとしない今の世の中にあって、限りなく言ってはいけないひとこと。どうしても伝えたい場合も、別の言葉を検討しましょう。

言うならこっち

いつもすてきだね

○○ちゃん
美人でいいな〜
小さい頃から
ずっと美人でしょ？
あら〜
イケメンですね〜

「美人だよね」は、見た目を評価する代表的な言葉のひとつ。今どき、安易に容姿を評価することは許されません。特に、ビジネスの場では絶対に言わないよう気をつけてください。

プライベートな場で、女性が女性に「本当に美人だよね……!」などと、感嘆の気持ちを込めて言うこともあるかもしれませんね。しかし、スタイルのよさなどと同様、「美しい」のも本人にとっては事実でしかなく、言われた側を困らせてしまうことに。そして、本当に美人な人は、「美人」と言われ慣れていて心に響きません。

どうしてもほめずにはいられないほど美しい人に出会ったときは、「すてきだね」のような言い方で気持ちを伝えるのが◎。見た目だけでなく、内面からにじみ出る雰囲気そのものをほめましょう。

当然、男女
逆バージョンの
「イケメンですね」
も言わなくて
いいぞ。

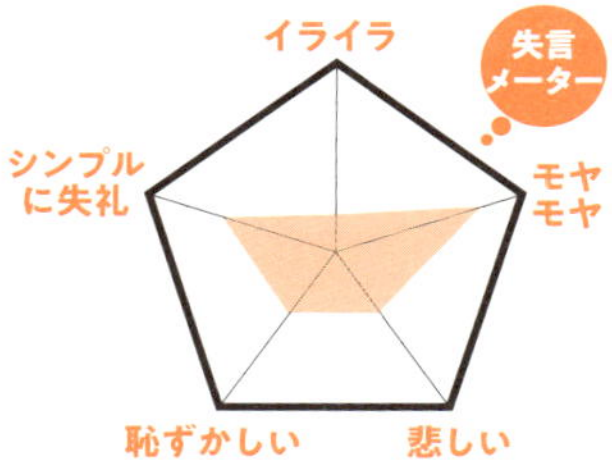
失言メーター
イライラ
モヤモヤ
悲しい
恥ずかしい
シンプルに失礼

40 見た目をほめるとき

失言かも

美人アスリート、美人作家

キャッチーで思わず使いたくなりますが、実力がものを言う世界で戦う人に、「美人」「イケメン」などの呼称は失礼です。

言うならこっち

○○でがんばるアスリート、○○で話題の作家

言いがちレベル 25

テレビや雑誌などで、活躍中の女性を紹介するときによく使われる「美人アスリート」や「美人作家」といった呼び方。キャッチーかもしれませんが、つくり手の「容姿重視の姿勢」を感じ、本人はもちろん、視聴者もモヤモヤします。

また、メディアでこう呼ばれる人のほとんどが、実力の世界で戦っている女性です。美人かどうかはまったく関係ない世界でがんばる人に対し、あまりに失礼と言えるのではないでしょうか。

「美人すぎる○○」という呼称が流行ったこともありましたが、それもひと昔前の話。価値観は時代に合わせてアップデートしてください。

もちろん、男性に対する「イケメン選手」「イケメン政治家」なども好ましくありません。

「美人ママ」
「イケメンパパ」
もモヤッとする
という声が多数。

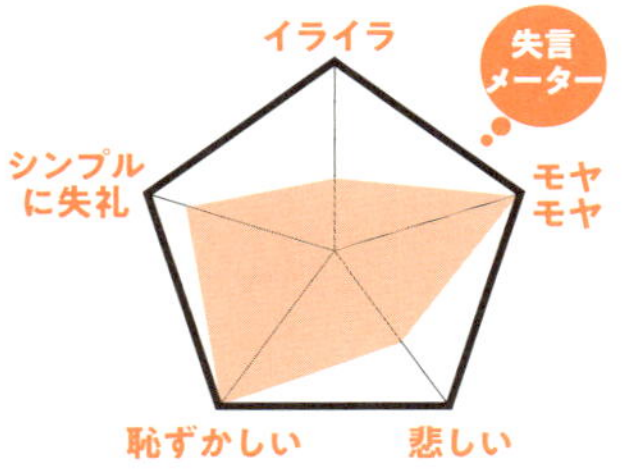

41

見た目をほめるとき

言いがちレベル 30

失言かも

色気あるよね

「色気」は性を感じさせるセンシティブなワード。とらえ方も人それぞれなので、ほめ言葉のつもりでも相手を不快にさせる可能性が。

言うならこっち

雰囲気あるよね

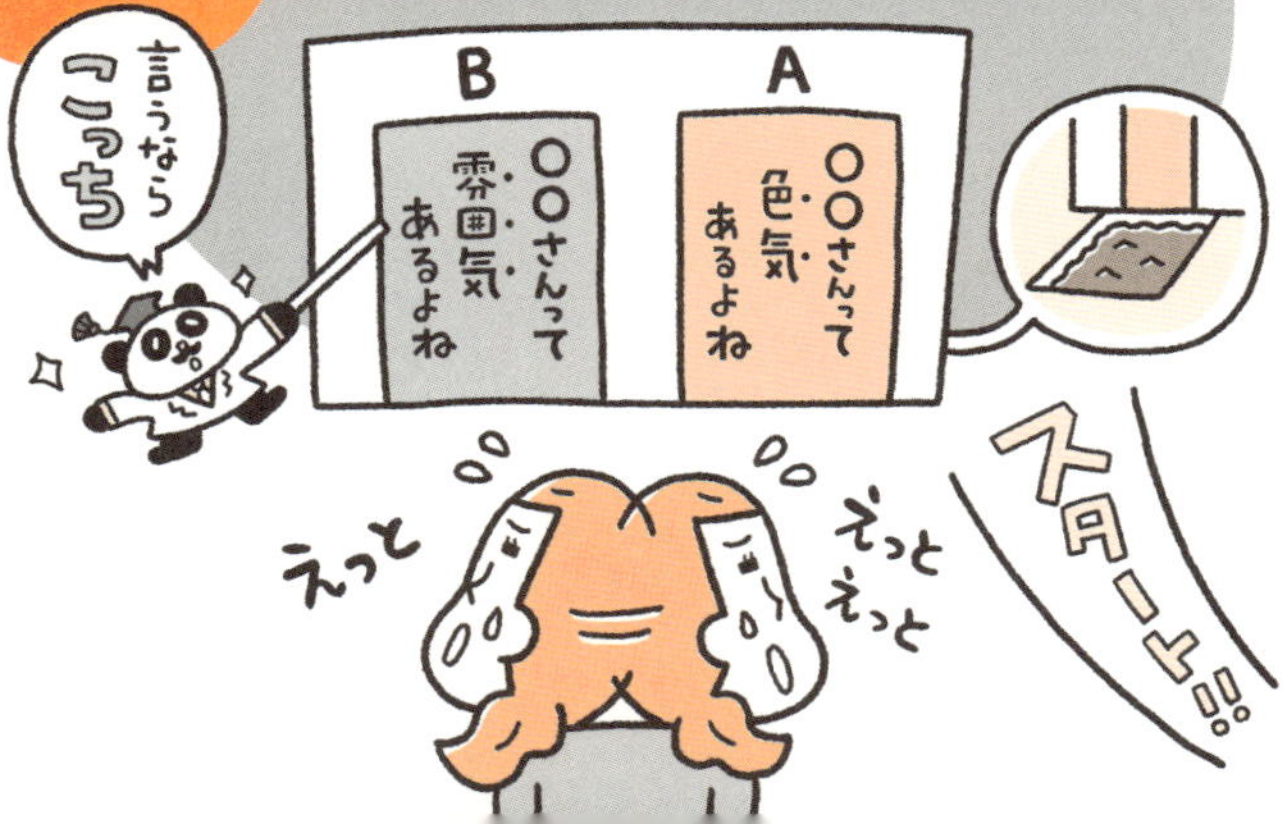

グラマラスな体型の人についい言ってしまいそうになる「セクシーだよね」。あるいは、なんとも形容しがたい、不思議な魅力を持つ人のことを「色気あるよね」。

ポジティブな意味合いで言ったとしても、性をイメージさせるワードはとてもセンシティブなもの。グラマラスな体型をほめたつもりが、相手は胸の大きさに悩んでいるかもしれません。

また、「セクシーさ」や「色気」のとらえ方は人それぞれなので、相手を不快にさせてしまうこともありえます。よほどくだけた間柄の友人との会話でもない限り、使わないほうがいいでしょう。

もし、相手が放つ妖しい魅力をどうしてもほめたいのなら、「雰囲気あるよね」で十分通じます。

「色気がない」
は最低最悪の
失言じゃ。

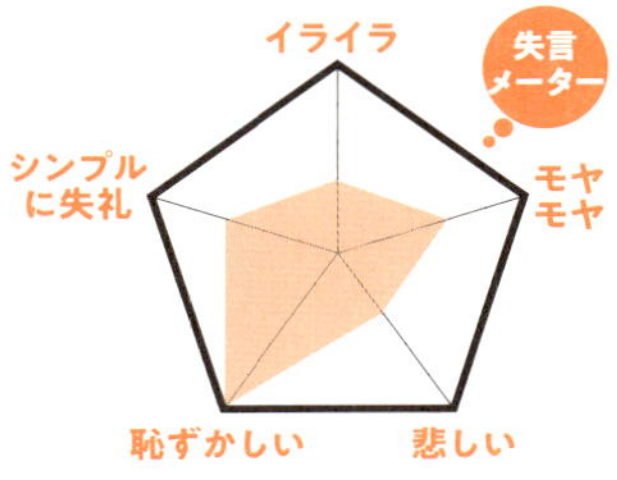
失言
メーター
イライラ
モヤモヤ
悲しい
恥ずかしい
シンプルに失礼

42 見た目をほめるとき

言いがち
レベル
43

失言かも

メイク上手だね

メイクの「技術」だけをほめられても、人は喜びません。「上手／下手」の軸で言及するのもやめたほうがいいでしょう。

言うならこっち

メイクすてきだね

メイク上手だよね〜
あ、ハイ……
アイシャドウの色春っぽくていいね！
ありがとうございます!!

「メイク上手だね」も、「言われてもうれしくない」という声が絶えないほめ言葉です。

メイクの「技術」だけがほめられている気がする、つまり「素材（＝顔）」はイケてないってこと……？　と感じる人が多いようです。

「アイシャドウの色、いいね」「肌に透明感があるね」など、すてきだと思ったポイントを具体的に挙げるのが、メイクをほめるときのコツ。

逆に、素顔の美しさをほめようと「メイクしなくても変わらないね」と言うのも、「メイクの意味ないってこと!?」と思わせてしまう可能性があるので要注意です。

今は、さまざまなメイク動画が世に出回り、人知れず研究に励んでいる人も多いです。見えない努力をポジティブにほめ合いたいですよね。

「どこがすてきなのか」を率直に伝えてみるのじゃ。

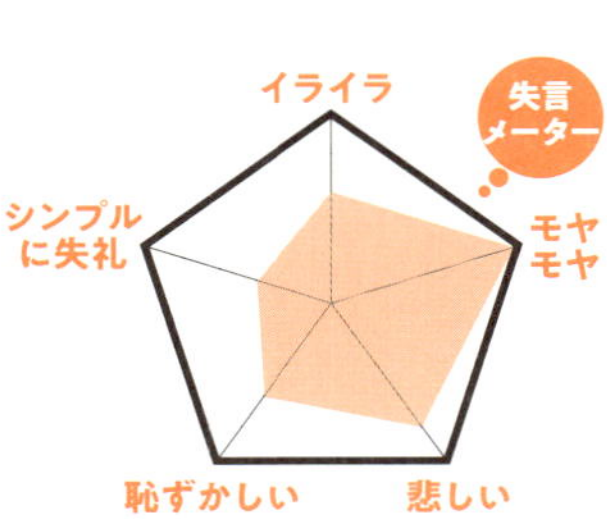
失言メーター
イライラ
モヤモヤ
悲しい
恥ずかしい
シンプルに失礼

43

変化に気づいたとき

言いがち
レベル
66

失言かも

髪切った？

「髪切った？」と言っていいのはパートナーにだけ。小さな変化に敏感すぎると、いつも観察されているように感じて不快に思う人も。

言うならこっち

似合ってるね

髪を切ったことに気づいてくれない夫に、「どれだけ私に興味ないの!?」と妻が幻滅する――夫婦に関する〝あるある話〟のひとつですよね。妻をガッカリさせないよう、細心の注意を払っている方もいるでしょう。

せっかくならもう一歩踏み込んで、「似合ってるね」「夏らしくさっぱりしてていいね」など、具体的にほめる言葉にするとグッと好印象です。

しかし、これはあくまでもパートナー間だけの話。他人同士の場合、「髪を切った」のはただの事実であり、返答に困る問いかけと言えます。また、あまりに変化に敏感だと、常に観察されているように感じて不気味に思う可能性も。

「切った」ことにふれるのは、ロングからショートに変わったなど、はっきりと目に見える変化のときだけにしましょう。

「髪切った？」
って聞かれても、
「切ったよ」
としか
返せないぞ。

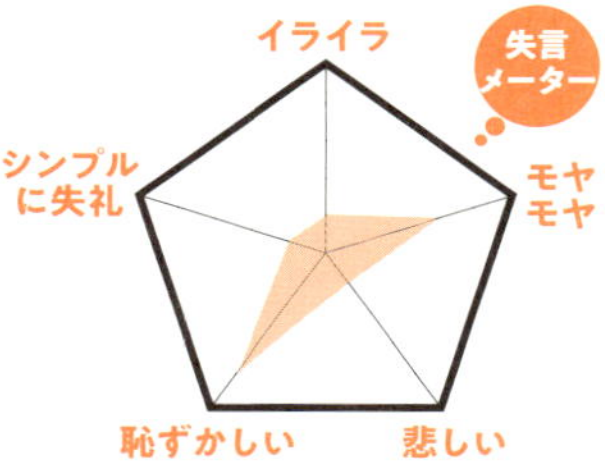
失言
メーター
イライラ
モヤ
モヤ
悲しい
恥ずかしい
シンプル
に失礼

44

変化に気づいたとき

言いがち
レベル
55

失言かも

新しい服？

「新しく買ったかどうか」は、他人には関係のないことです。服装や持ち物への言及は、原則「すてき」「いいね」にとどめておきましょう。

言うならこっち

その○○似合ってるね

あ！新しい服ですかー？
うん そう……

毎日会う職場の人などが、見慣れない服を着ていたときについ言ってしまいがちな「新しい服？」「その服買ったの？」。これも、言われた側が返答に困る質問です。

服装や持ち物をいつもチェックしている感じも出て、あまりいい印象ではありません。また、ハズれた場合、「前から着てたけど」とムッとされるリスクもあります。

パートナー間で言う場合は、関係性にもよりますが、「新しい服？」のひとことを、「また買ったの？　また無駄づかいしたの？」と責められているように感じるという人も。

変化に気づいても、「その◯◯似合ってるね」など、すてきだと思うポイントだけを述べるのがスマートです。

ほめた後の
「どこで買ったの？」
は、仲よし＆
ファッション好き
同士ならOKだぞ。

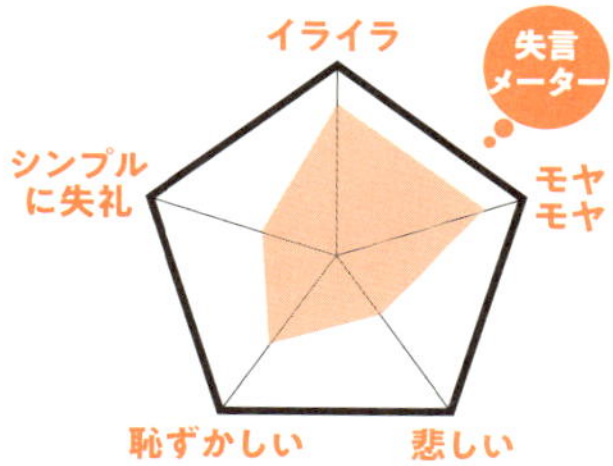
失言メーター
イライラ
モヤモヤ
悲しい
恥ずかしい
シンプルに失礼

45

持ち物をほめるとき

言いがちレベル 58

失言かも

流行ってるよね

相手を「流行りの物を買う多数派の人」とカテゴライズし、「そうではない自分」を優位に置く、いろんな意味で失礼なひとことです。

言うならこっち

すてきですね

ネットで下調べをし、お店にも足を運んで実物を手にとり、吟味に吟味を重ねてようやく買ったバッグ。あるいは洋服や、スニーカーでもいいでしょう。気分よく身につけて出かけた先で「あ、それ、流行ってるよね！」と言われたら、どう思うでしょうか。

自分の目で見て、自分が気に入って買ったはずなのに、誰かから「流行りに乗って選んだんだね」とカテゴライズされてしまうと、わくわくした気持ちが急にしぼんでしまうようです。

「それ、流行ってるの知ってるよ」という軽い気持ちから出た発言かもしれませんが、知らず知らずのうちに「あなたは多数派なんだね」「無個性だね」というマウントになっていることも。何か伝えたいなら、「それ、すてきだね」というシンプルなほめ言葉がいいでしょう。

いい物、
すてきな物だから
流行っている
んじゃが……。

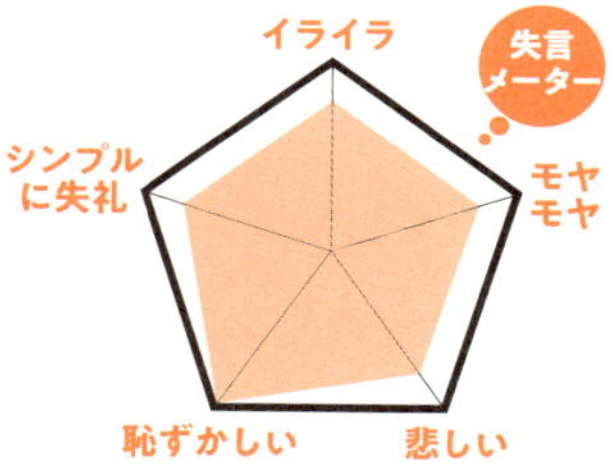
失言
メーター
イライラ
モヤ
モヤ
悲しい
恥ずかしい
シンプル
に失礼

46

変化に気づいたとき

言いがちレベル
57

失言かも

今日どこか行くの？

人が「おめかし」するのは何か事情があるから。他人があえてそれを際立たせる必要はありません。

言うならこっち

ちょっと雰囲気変わっていいね

お？
どこか行くのか？
いえ特に……

たとえば、いつもはパンツルックの部下が、めずらしくスカートで出勤してきた日。あるいは、カジュアルスタイルの後輩が、ビシッとスーツでキメてきた日。普段との違いを指摘したくなる気持ちもわかりますが、「今日どこか行くの?」などと聞くのはやめたほうがいいかも。

実際、その日は本当に何か特別な予定があるのかもしれません。だからといって、他人がそれをとやかく言う必要はありません。あえてふれることで「おめかししてる感」が際立ち、相手に気まずい思いをさせてしまいます。逆に、「いつもはみすぼらしいってこと?」と、ネガティブにとらえられる可能性すらあります。

それでもどうしても伝えたい場合は、「雰囲気」という言葉でやんわりオブラートに包んで。

ましてや
「今日はデート?」
なんて聞いては
いないじゃろな?

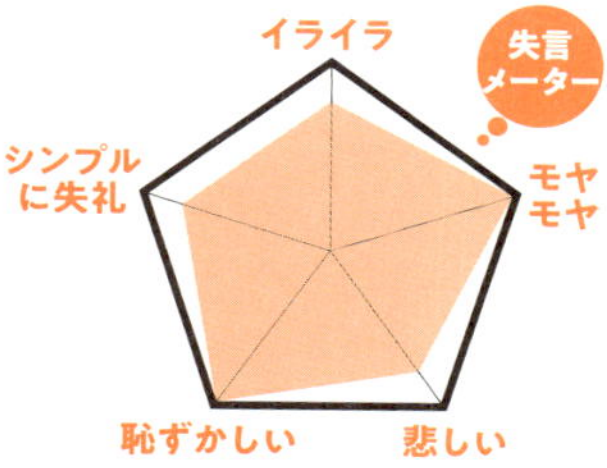
失言メーター
イライラ
モヤモヤ
悲しい
恥ずかしい
シンプルに失礼

失言研究コラム③

言葉以外もモヤモヤの原因に!?
-態度編-

発言や行動のみならず、表情やしぐさも周りへの影響大。
不機嫌な態度は“フキハラ”とも呼ばれ、
部下や同僚、パートナーらを不快な気持ちにさせます。
特に、相手の話を聞く姿勢には注意が必要です。

- 話している人に体を向けない、目を見ない
- 腕組みをする（特に目上の人にはNG）
- 背もたれに寄りかかったまま
- ひじをついたまま
- 貧乏ゆすり、指をトントンする
- スマホから顔を上げない
- 眉間にしわを寄せてパソコンに向き合う

切手を
お貼り下さい

113-0023

東京都文京区向丘2-14-9

サンクチュアリ出版

『よかれと思って言ったのに
実は人をモヤッとさせる 失言図鑑』
読者アンケート係

ご住所　〒□□□-□□□□	
TEL※	
メールアドレス※	
お名前	男 ・ 女 （　　歳）
ご職業 1 会社員　2 専業主婦　3 パート・アルバイト　4 自営業　5 会社経営　6 学生　7 その他	
ご記入いただいたメールアドレスには弊社より新刊のお知らせやイベント情報などを送らせていただきます。 希望されない方は、こちらにチェックマークを入れてください。	メルマガ不要 □

ご記入いただいた個人情報は、読者プレゼントの発送およびメルマガ配信のみに使用し、その目的以外に使用することはありません。

※プレゼント発送の際に必要になりますので、必ず電話番号およびメールアドレス、両方の記載をお願いします。

弊社HPにレビューを掲載させていただいた方全員にAmazonギフト券（1000円分）をさしあげます。

『よかれと思って言ったのに 実は人をモヤッとさせる 失言図鑑』
読者アンケート

本書をお買上げいただき、まことにありがとうございます。
読者サービスならびに出版活動の改善に役立てたいと考えておりますので
ぜひアンケートにご協力をお願い申し上げます。

■本書はいかがでしたか？　該当するものに○をつけてください。

最悪	悪い	普通	良い	最高
★	★★	★★★	★★★★	★★★★★

■本書を読んだ感想をお書きください。

※お寄せいただいた評価・感想の全部、または一部を（お名前を伏せた上で）弊社HP、広告、販促ポスターなどで使用させていただく場合がございます。あらかじめご了承ください。

▼ こちらからも本書の感想を投稿できます。 ▶

https://www.sanctuarybooks.jp/review/

弊社HPにレビューを掲載させていただいた方全員にAmazonギフト券（1000円分）をさしあげます。

第4章

Shitsugen
Zukan

やさしさ・励まし
の言葉

47

心配しているとき

言いがち
レベル
92

失言かも

大丈夫？

相手を心配して言う「大丈夫？」は、具体的なアドバイスや策がない限り「もっとがんばれ」にしか響きません。

言うならこっち

大変そうだけど、どんな感じ？

仕事がらみの会食で、緊張が続いている部下に「大丈夫?」。
寝る間を惜しんで資格試験の勉強に励む友人に「大丈夫?」。
やさしそうに思えるこの声がけですが、実は「大丈夫です」以外の回答がしづらいんです。言われた側に用意されているのは、「大丈夫です」と答え、さらにがんばるという選択肢だけ。つまり、「大丈夫?」という声がけが、相手をさらに追い詰めることにつながっているのです。

気づかうなら「大変そうだけど、どんな感じ?」と、相手の心のうちを控えめに探る聞き方がおすすめです。

もっとダイレクトにやさしさを伝えるなら、緊張している部下に「ちょっと外の空気にあたってきなよ」と打開策を示す、勉強をがんばる友人にはそっと差し入れを渡すなどの具体的なアクションを。

「大丈夫?」
「全然大丈夫じゃない!(笑)」
と言い合える仲
ならOKじゃ!

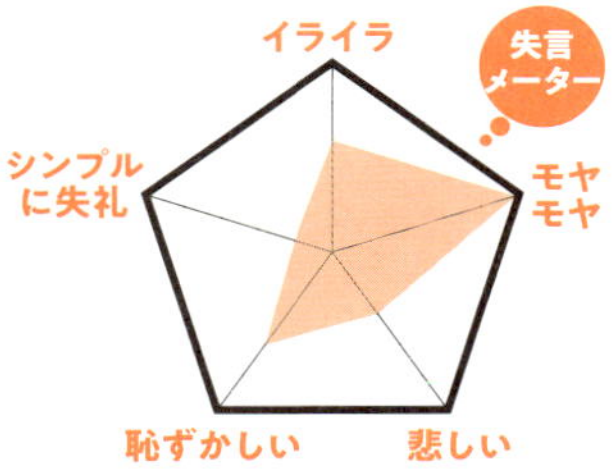
失言メーター
イライラ
モヤモヤ
悲しい
恥ずかしい
シンプルに失礼

48

心配しているとき

言いがち
レベル
65

失言かも

疲れてる？

「疲れた顔（＝さえない顔）してるね」と指摘するのではなく、疲れた顔になる原因をとり除く手助けをしましょう。

言うならこっち

手伝えることある？

毎日残業続きの同僚に、仕事と家事・育児の両立に追われるパートナーに「疲れてる?」。あなたのやさしさから出た、相手を気づかうセリフであることは想像にかたくありませんが、実はこれ、禁句に近いワードと言っても過言ではありません。

なぜなら「疲れてる?」＝「さえない（≒老けた、ぼろぼろの、など）顔してるね」と言っているようなもの。残業や家事・育児で本当に疲れているであろう相手は、あなたのそのひとことに確実にイラッとするでしょう。それに、疲れているかどうかをあなたが確認したところで、相手にとってはなんの助けにもなりません。

もし、相手を本当に気づかうのならば、そっと差し入れを手渡す、「何か手伝えることある?」と声をかける（手伝えることなどないとわかっていても）などのほうが心くばりのあるふるまいと言えそうです。

「疲れてる」
相手に対して
何ができるかを
考えるのじゃ。

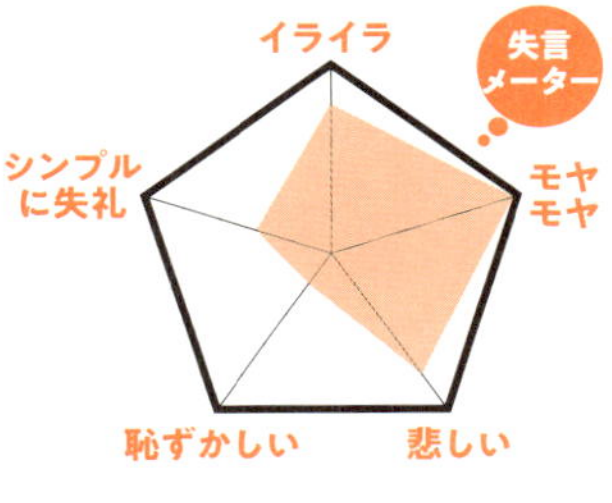

49

心配しているとき

言いがち
レベル
72

失言かも

大変そうだね

他人事っぽい言葉は、相手の心に響きません。相手のことが本当に心配なら、具体的な手助けになるような声がけを。

言うならこっち

何かできることある？

何かトラブルを抱え、忙しかったり、思い悩んだりしている人に対して言う「大変そうだね」。

相手を心配するやさしさも感じられますが、どこか他人事のように響く言葉です。「大変なあなた」に、「大変ではない私」が、違うステージからものを言っているように聞こえ、言われた側は「助ける気もないくせに」とボヤキたくなるかも。

心配なら、「何かできることある？」という聞き方で様子をうかがってみて。仮にできることが何もなかったとしても、「あなたの力になりたい」という気持ちを見せることが、相手の力になります。

また、周りからは大変そうに見えるけど、本人は好きでやっているパターンも。その場合、「大変そうだね」は単なる「余計なお世話」になります。

より傍観者の
感じが出る
「かわいそう」も、
おすすめしないぞ。

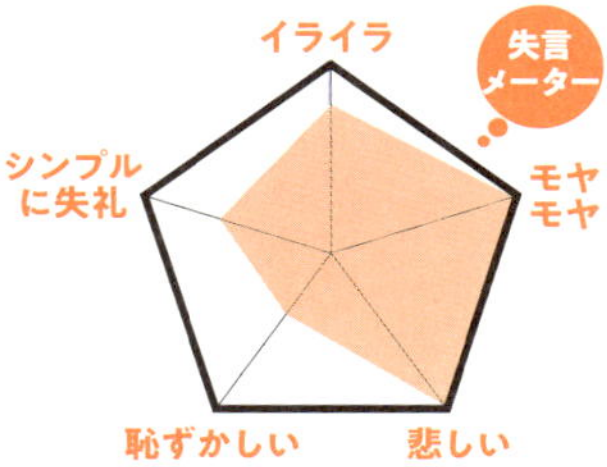
失言メーター
イライラ
モヤモヤ
悲しい
恥ずかしい
シンプルに失礼

50

共感を示したいとき

言いがち
レベル
86

失言かも

わかります

共通点を見つけたと思っても、相手の状況を完全に理解するのは難しいこと。自分と相手の経験は別、と考えましょう。

言うならこっち

教えてください（と相手の話を聞く）

相手に共感を示す「わかる」という言葉。相手との距離を詰めるのに何かと便利な言葉ですが、本当に「わかって」いないときに安易に使うのはあまりよくありません。

たとえば、「子どもがイヤイヤ期で……」と話すママさんに、「わかる！　私の姪もそうらしくて」と、(相手にとっては)他人の話をする。あるいは、「最近、そばを打つのにハマっていて……」と話す上司に、「わかります！　私もよく富◯そば行きますし！」と、自分の知識の範囲内にある事例を持ち出す。なんとか共通点を見出そうとする努力が評価されることもありますが、お悩みガチ勢、趣味ガチ勢の人からすれば、「いや、わかるわけないよね!?」となるだけ。

こういう場面では、「毎日大変ですね」「どんな道具を使うか教えてください」などと、相手の話を引き出してあげるのがいいでしょう。

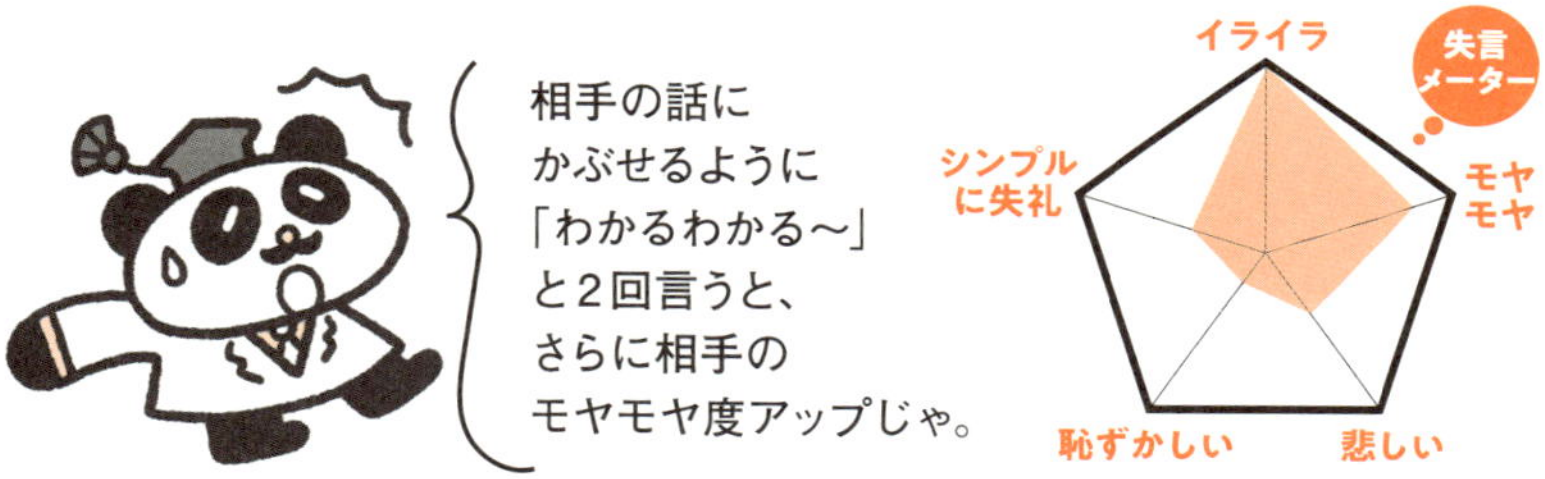
相手の話に
かぶせるように
「わかるわかる～」
と2回言うと、
さらに相手の
モヤモヤ度アップじゃ。
失言メーター
イライラ
モヤモヤ
悲しい
恥ずかしい
シンプルに失礼

51

驚きを示したいとき

言いがち
レベル
88

失言かも

意外だね

勝手にイメージしていた相手像とのギャップを「意外」と評価するのは、失礼なふるまい。どんな人にもいろんな面があります。

言うならこっち

○○なんて、すごいね

意外すぎる!!
あのFくんが……

マッチングアプリで出会った人が「休日はバイクに乗るんです」。

もの静かな同僚が「昔、サッカー部だったんだ」。

こうした自己開示に「意外だね」と返すのは失礼にあたります。「意外だ」と感じるのは、相手の人となりを勝手にジャッジしていた結果。「意外だね」＝「似合ってない」とも受けとれます。

人間、誰しもいろんな面を持っていて、あなたに向けられているのはあくまで一面にしかすぎません。してそうな趣味、入ってそうな部活、聞いてそうな音楽、見てそうなＹｏｕＴｕｂｅまで勝手に決めないで。

とはいえ、相手がどんな人かを想像すること自体をやめるのは難しいもの。会話では、想像とのギャップにはふれず、事実のほうにフォーカスしてください。

「ギャップ」も
魅力的だが、
あえて
言う必要は
ないぞ。

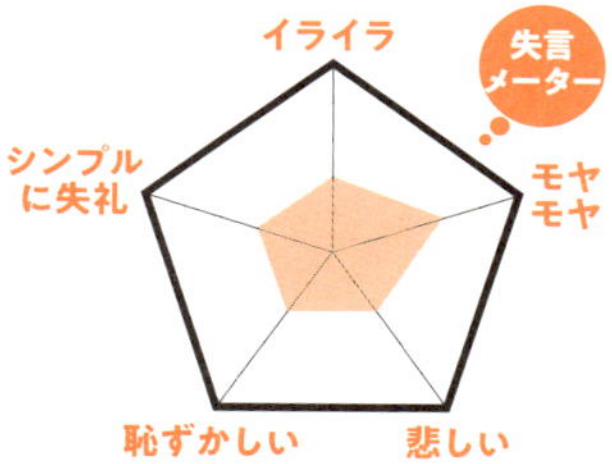
失言メーター
イライラ
モヤモヤ
悲しい
恥ずかしい
シンプルに失礼

52

励ましたいとき

言いがち
レベル
90

失言かも

がんばって

十分がんばっている人に、さらに「がんばって」と言う必要はありません。がんばりを認めることが、何よりの応援になります。

言うならこっち

がんばってるよね

ここ十数年で、心がつらくなっている人に対して「がんばって」と言うのは禁物、というのがある種の常識になりました。

前向きな励ましのつもりが、「こんなに努力しているのに、まだがんばらないといけないの？」「これ以上どうがんばれと？」と、さらに追い詰める要素になってしまうからです。

つらい状態にまでは至っていない人でも、「がんばって」と声をかけたくなるような人のほとんどは、すでにがんばっています。そんな人にかけるべきは、外野から「がんばって」とハッパをかける言葉ではなく、「がんばってるよね」と、がんばりを認めてあげる言葉のほう。

「理解し、応援してくれている人がいる」という事実を知るだけで、相手は勇気づけられることでしょう。

特に、
目上の人に
言うのは
失礼にあたるので
要注意じゃ。

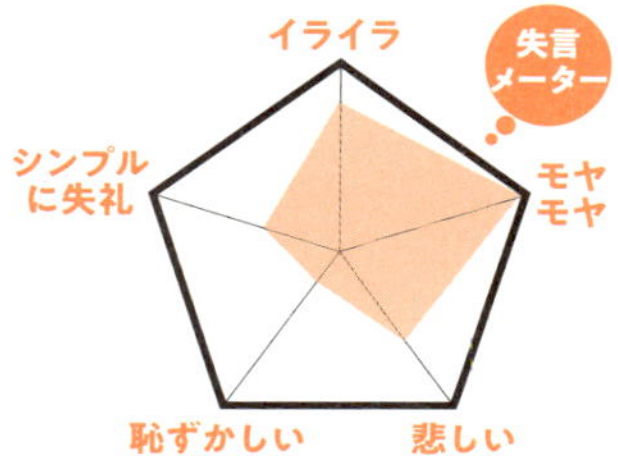
失言メーター
イライラ
モヤモヤ
悲しい
恥ずかしい
シンプルに失礼

53

励ましたいとき

言いがち
レベル
35

失言かも

もったいないよ

「相手を思ったアドバイス」の多くは的外れな指摘でしかありません。「価値観の押しつけ」になっていないか気をつけましょう。

言うならこっち

それぞれのよさがあるよね

ね！ね！
おいしいでしょ!!
パクチー
苦手で……
ええ～～!!
もったいないよ!?
人生損してる!!
山盛り
パクチー

「エリートなのに、彼女をつくらないなんてもったいないよ」
「仕事できるのに、アルバイトでいるなんてもったいないよ」
「せっかくスタイルがいいのに、そんなプチプラファッションじゃもったいないよ」

言われた側からしたら、はっきり言って「余計なお世話」です。

相手のことを考えて、有益な助言をしたつもりかもしれませんが、あなたの「こうあるべき」も、たくさんある価値観のひとつにすぎません。「フリーのまま自由に過ごしたい」「アルバイトをしながら自分の時間も確保したい」「服は着心地がよければなんでもいい」といった相手の考えも、同じように尊重しましょう。

価値観の押しつけは、人を遠ざけます。知らず知らずのうちにやってしまわないよう、気をつけてくださいね。

激励しているようでいて、相手の価値観を見下してはいないか？

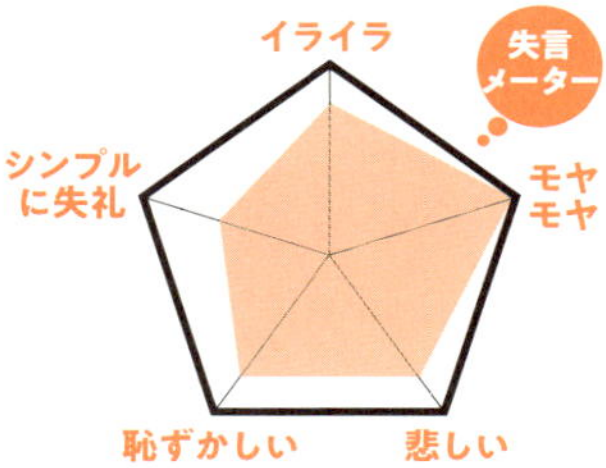
失言メーター
イライラ
モヤモヤ
悲しい
恥ずかしい
シンプルに失礼

54

励ましたいとき

言いがち
レベル
62

失言かも

私の場合は

自分の話を聞いてほしい相手に対して、自分の話でアンサーを返すのはよくありません。相手から聞かれるまで、自分語りは封印で。

言うならこっち

大変だよね、つらいよね

あくまで俺の場合はさ～
タラタラ
〇〇は△△だし
だからといって□□は
××なんだな～でも
俺は※※で
タラタラ
あの……

「大変だ、つらい」とこぼす相手に対して、「私の場合はさ……」と語りはじめる人がいます。

似たようなシチュエーションの経験を伝えることで、「私もそうだったからわかるよ」と共感を示し、励まそうとしているのかもしれませんが、あまりよくありません。

もちろん、経験談がなんらかの気づきにつながることもあるでしょう。しかし、「私の場合は……」ではじまる話の多くが、いわゆる〝自分語り〟にしかならないのも事実。相手は、いつの間にか会話を奪われたように感じ、心境を打ち明ける気持ちも消えてしまいます。

基本的に、「こういうとき、どう乗り越えた？」などと相手から聞かれるまで、自分の話はやめておきましょう。

隙あらば
自分の話に
持っていこうと
する人、
嫌われるぞ。

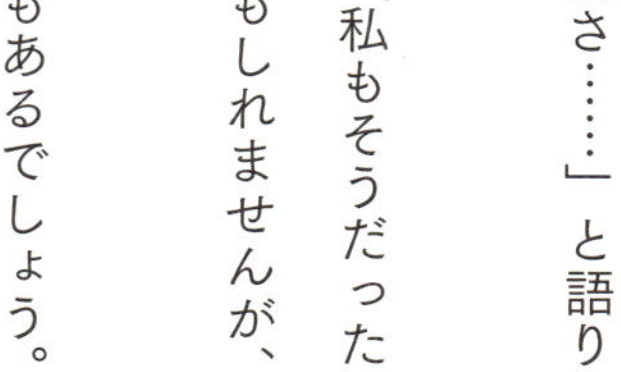
失言メーター
イライラ
モヤモヤ
悲しい
恥ずかしい
シンプルに失礼

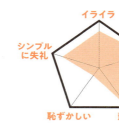

55

提案したいとき

言いがち
レベル
76

失言かも

おすすめ！

気軽なレコメンドのつもりが、相手によっては負担に感じることも。好みは人それぞれなので、聞かれるまでは言わないのが鉄則。

言うならこっち

（聞かれるまで言わない）

イタリアン好きなら○○に行って!!
ずいっっっっ
裏メニューの○○がオススメ!!
は、はい……

「これ、おすすめだから！」というメッセージとともに、URLを送る——YouTubeやサブスクで多様なコンテンツが楽しめるようになり、こんなやりとりが増えているのではないでしょうか。

気軽にやりがちなこの行為、実は、相手に「次に会ったときに感想を聞かれるかな？」というプレッシャーを与えています。おすすめされてしまったばっかりに、好みでなくても義務感で見たり、「見る時間がなくてさ」などの〝逃げ〟のコメントを考えたり。かなりの負担です。

飲食店のおすすめなども、まじめな相手には「聞いたからには、行かないといけないかな？」と思わせてしまうかも。行った結果、本当においしくて満足できる店だったらまだいいですが、そうでなかったら悲惨です。

好みは人それぞれですから、「何かおすすめある？」と相手から聞かれるまでは安易に挙げないほうが、お互いにハッピーでいられます。

アパレル店員さんの
「私も着てるん
ですよ〜」で、
購買意欲を失う
ことも
あるじゃろ？

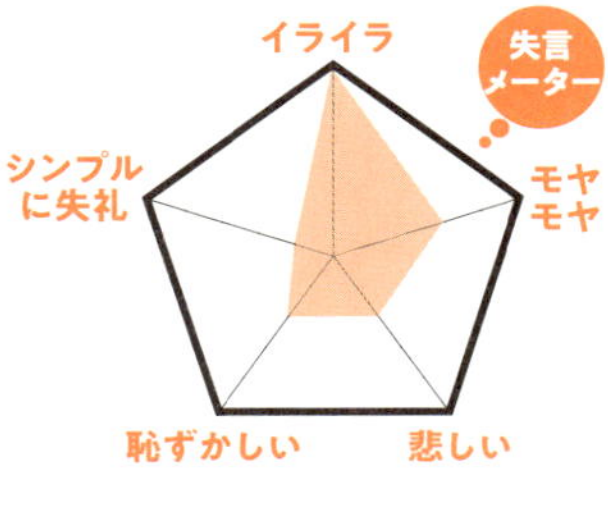

56

励ましたいとき

言いがち
レベル
30

失言かも

幸せになってね

「結婚したいのにできない」人をシンプルに傷つける言葉。「結婚＝幸せ」は万人に共通の価値観ではないことも知りましょう。

言うならこっち

こちらは元気にやってるよ

プライベートにまつわるちょっとした雑談の中で、「〇〇さんには幸せになってほしいから……」。年賀状に添える手書きのひとことととして、「〇〇さんも幸せになってね」。

主に、既婚者から独身者へのメッセージに多いようですが、この言葉を素直にうれしいと感じる人は、ほぼいないと言っていいでしょう。

多くの場合、「幸せ」＝結婚を意味し、暗に「早く結婚したほうがいいよ」ということを示しています。でも、結婚したいかどうかは人によりますし、もっと言えば「幸せとは何か」というところに行き着きます。一方で、「結婚したいけど、縁に恵まれずなかなかできない」場合、この言葉は何よりも鋭い刃となって心に突き刺さります。

自分が結婚によって幸せになったとしても、価値観を他人にゴリ押しするのはやめましょうね。

結婚や出産にまつわる話題はデリケート。そっとしておくのがルールじゃ。

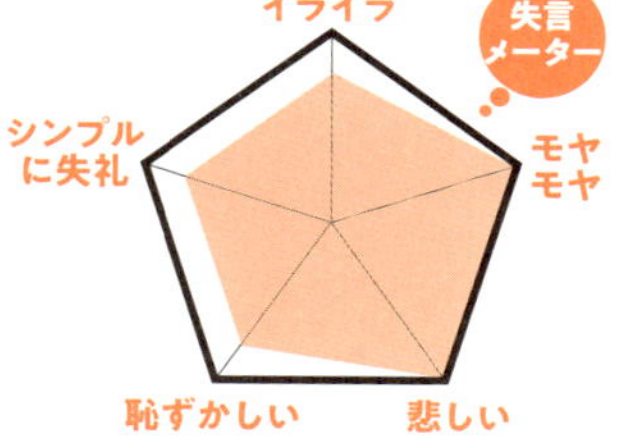

57

励ましたいとき

言いがちレベル
67

失言かも

よくあるよね

相手の心を軽くしてあげようと「よくある悩み」と一般化するのは、相談相手としてはあまりよくない対応です。

言うならこっち

大変だったね

悩んだり、落ち込んだりしている人に対して言いがちな「よくあるよね」。

「よくあることで、みんな乗り越えているんだから、あなただって大丈夫だよ！」ということが伝えたいのでしょうが、励ましの言葉としては逆効果です。

渦中にいる人にとって、そのお悩みは「他ならぬ私の悩みごと」。それを、「よくあること」と一般化されてしまうと、「あなたの悩みは大したことがない」と言われているように感じてしまいます。せっかく心境を明かしてくれていたのに、「ダメだ、この人には何を言っても伝わらない……」と心を閉ざしてしまいかねません。

まずは、相手の話をじっくり聞きましょう。解決法は見出せなくても、「大変だったね」と寄り添ってあげるのがやさしさです。

もちろん、
「みんなそうだよ」
もモヤッと
ワードじゃ。

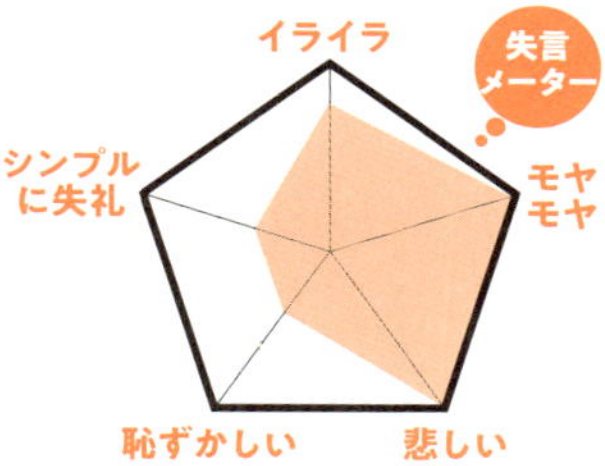
失言メーター
イライラ
モヤモヤ
悲しい
恥ずかしい
シンプルに失礼

58

気を利かせたいとき

言いがちレベル
55

失言かも

○○してあげて

他人の言動をコントロールしようとする言い方。しかも、それによって自分の印象をよくしようとする思惑も感じます。

言うならこっち

私が○○するね

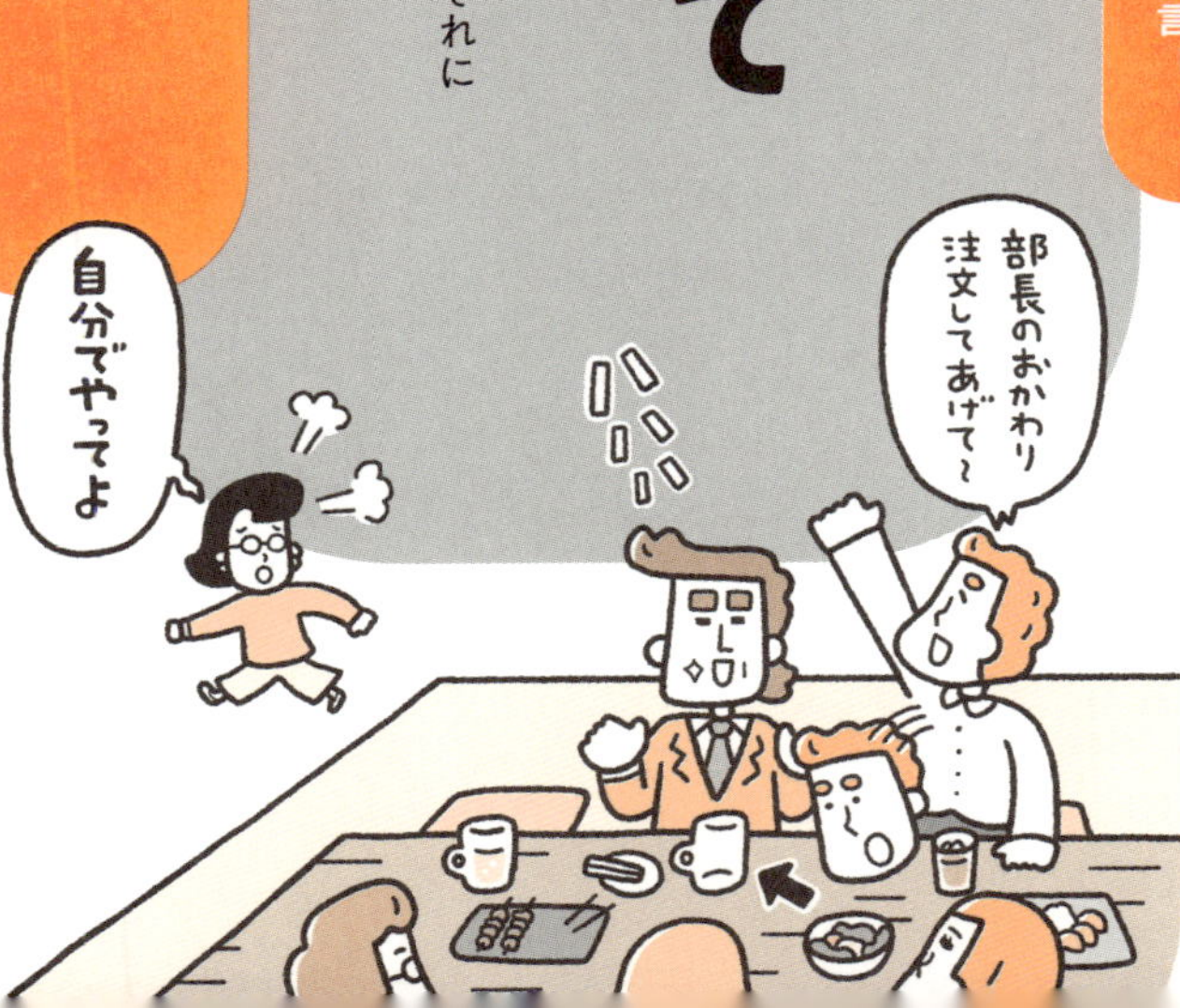
部長のおかわり注文してあげて～
自分でやってよ

子どものおむつがパンパンなとき、「おむつ替えてあげて」。

飲み会で、目の前の人のグラスが空のとき、「誰かおかわり注文してあげて」。

一見、気が利く人のようにも思える発言ですが、言われた側の気持ちは「いや、気づいたならやってよ」です。他人を使っていい人アピールしている……と思われるかも。サッと自分が動きましょう！

また、「早く結婚してご両親を安心させてあげてね」＝単なる余計なお世話や、「仲よくしてあげてね」「やさしくしてあげてね」＝「わざわざ言われなくてもするのに……」のパターンも。「〇〇してあげる」という言葉自体にいい印象を持たない人も多いので、他人の言動に対して使うのはやめたほうが無難です。

「じゃがいもを洗ってあげてください」も違和感。日本語って難しい……。

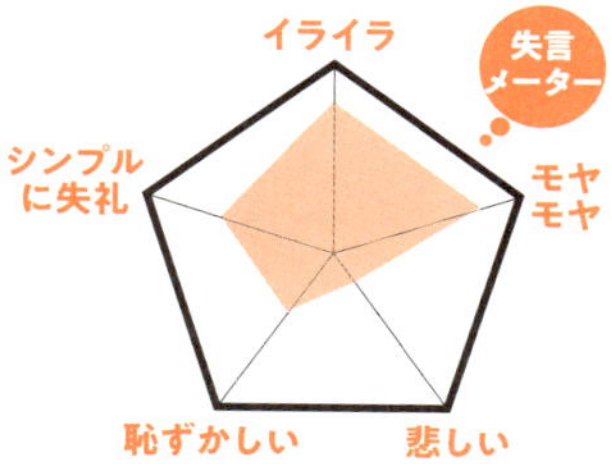
失言メーター
イライラ
モヤモヤ
悲しい
恥ずかしい
シンプルに失礼

59

励ましたいとき

言いがち
レベル
58

失言かも

大したことないよ

「あなたの悩みは小さい」「もっと大変な人もいる」などの励ましが、悩んでいる人を救うことはありません。

言うならこっち

何か不安なことある?

「大したことない」とひとくくりにすることで相手を安心させたいのでしょうが、悩んでいる最中の人にはまったく響きません。それどころか、「あなたの悩みはとるに足らないものだ」と言っているようなもので、相手を傷つけることに。「大したことないよ、私なんて……」と自分のエピソードを挟み込むのはさらによくありません。

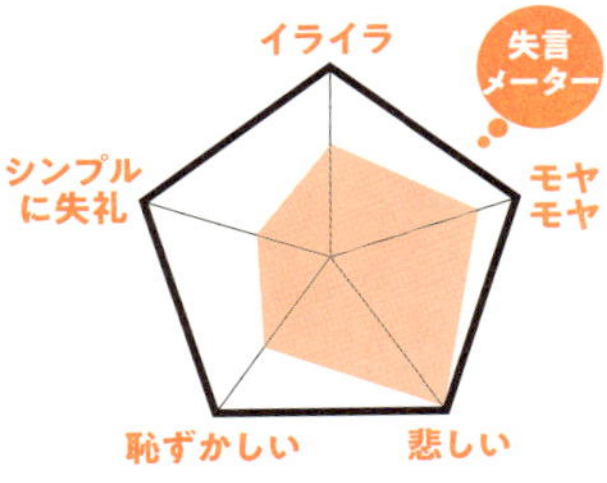

60

気を利かせたいとき

言いがち
レベル
48

失言かも

あわてなくて大丈夫だよ

プレッシャーをかけないよう気づかったつもりが、せっかくのやる気を削ぐ結果になることも。相手のペースを尊重しましょう。

言うならこっち

早く仕上げてくれてありがとう

納期よりも早めに仕上げようと、急ピッチで資料づくりに励む部下に対し、「あわてなくて大丈夫だよ」。部下自身が「このペースで大丈夫」だから早めに進めているわけであり、せっかくのやる気にわざわざ水を差す必要はありません。「あわてなくて大丈夫だよ」と言うのは、遅刻しそうだという相手に対してだけにしましょう。

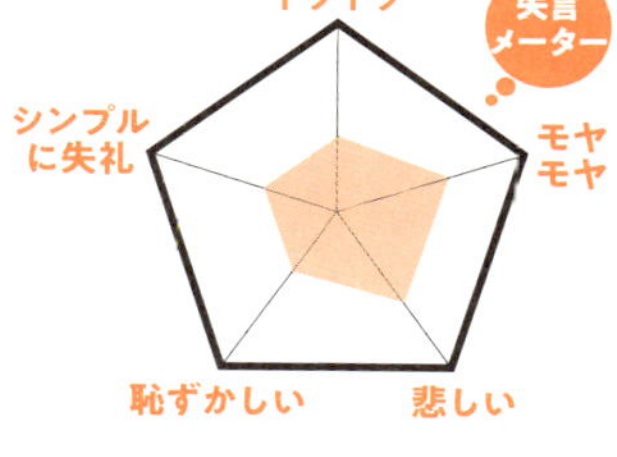
失言
メーター
イライラ
モヤモヤ
悲しい
恥ずかしい
シンプル
に失礼

失言研究コラム④

距離感、間違っていませんか？

他人に侵入されると違和感を覚える空間のことを「パーソナルスペース」と言いますが、人とうまくコミュニケーションを図るには、適切な距離感を保つことが欠かせません。

段階を踏むことなく距離を詰めすぎると、相手はびっくりしてしまいます。ともすれば「距離感がバグッている人」として敬遠されてしまうかも。

距離感を間違えている例としてよく挙げられるのが、（相手の）肩を叩く、背中を触る、腕を組む、髪を触るなど「ボディタッチの多い人」。本人としては軽い気持ちで触っているのかもしれませんが、異性か同性かにかかわらず拒否反応を示す人は多いです。

また、「すぐに物をあげる（貸す）人」の評判もイマイチです。「もらう、借りる」という心理的負担を抱えるより、お金をかけてでも新品を買ったほうがラクだという意見も多数。せっかくの厚意がありがた迷惑にならないよう、気をつけましょうね。

第5章

Shitsugen
Zukan

お願い・断りの言葉

61

誘いたいとき

言いがちレベル 56

失言かも

この日空いてますか？

誘うときは、用件も込みで伝えるのが大人のマナー。「空いてる？（＝暇？）」は、恋人同士でもない限り使わないほうがベター。

言うならこっち

この日、一緒に○○に行きませんか？

×
来週の日曜空いてる？
モヤモヤ
モヤモヤ
○
一緒に行きたいイベントがあるんだけど来週の日曜の都合どう？？
えー楽しそー

「この日空いてる?」と誘うのは、会うこと自体が目的になるカップル同士でもない限り、マナー違反です。

誘うときは、「この日、一緒に美術館に○○展を見に行きませんか?」「この日、みんなでバーベキューやる予定なんだけど、一緒にどうかな?」などのように、必ず用件を明確にしましょう。

美術に興味がない、バーベキューは苦手だという場合も「その日はちょっと埋まっていて」という断り方をすることができ、お互いが傷つかずに済みます。

そもそも、「この日空いてる?」という誘い方は、相手を暇人扱いしているようにも聞こえます。雑で失礼な言い方なので、もし使ってしまっているならすぐに封印したほうがいいかも。

空いてるから
といって、
誘いに乗るとは
限らんじゃろ?

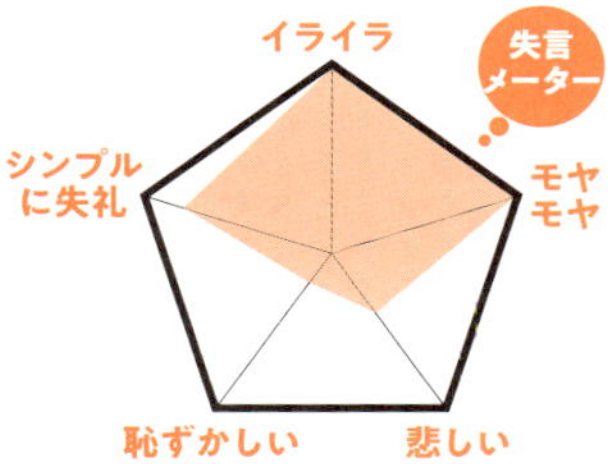
失言メーター
イライラ
モヤモヤ
悲しい
恥ずかしい
シンプルに失礼

62

相談したいとき

言いがち
レベル
77

失言かも

ちょっとお時間いいですか？

どんな用件で、どのぐらいの時間を割いてほしいのか、だいたいの見積りを提示しましょう。相談を受ける側の姿勢がグッと変わります。

言うならこっち

今日5分ほど相談してもいい時間帯ありますか？

「ちょっとお時間よろしいでしょうか」。

上司や先輩に相談したいときの決まり文句として、社会人1年目に教わった人も多いでしょう。しかし、言われる側としては、なんだか自分の時間を雑に奪われるような気がしてしまうフレーズです。

もう少し、相手の側に立った言い方に変えてみましょう。まず、「ちょっと」という言葉。これだけだと、5分なのか、30分なのか、言われた側には見当もつきません。でも、「5分ほど」という具体的な数字があると、「それなら」と応じやすいですし、「今は無理だけど、夕方なら」という代案を出すこともできます。

また、「相談」という用件をあらかじめ伝えるのも大切です。「○○の件でご相談したいのですが」と、具体性があるとさらにGOOD。受ける側も、回答を頭に浮かべながら話を聞くことができます。

新人の頃に
教わった
ビジネスマナーも、
アップデートが
必要じゃ。

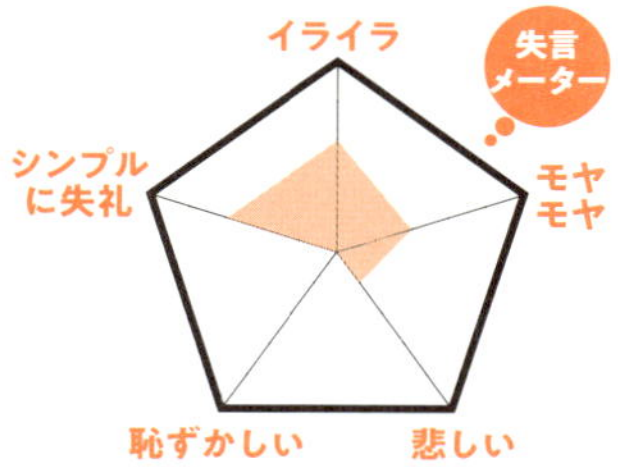
失言メーター
イライラ
モヤモヤ
悲しい
恥ずかしい
シンプルに失礼

63

相談したいとき

言いがちレベル 68

失言かも

○○してもよろしいでしょうか

決断しない、できない人が増えています。無意識のうちに相手に判断を委ね、責任をとらずに済むよう仕向ける言い回しです。

言うならこっち

○○いたします

A社の見積りを先にやってからBの打ち合わせ資料をつくってよろしいでしょうか？
バッ
えっと……
あ！
その前にランチに行ってきていいでしょうか？

相談のときに使いがちな「してもよろしいでしょうか」という言い回し。

「○○社に営業をかけようと思うのですが、よろしいでしょうか」

「先にこっちの仕事にとりかかってもよろしいでしょうか」

相談ごとに対し、相手に判断を委ね、許可を求める言い方です。「させていただいてよろしいでしょうか」と、さらに丁寧な言い方をする人もいるようですね。

もちろん、上司に判断を仰ぐべき重要な局面もあるでしょう。しかし、なんでもかんでも「してもよろしいでしょうか」と聞くのは、相手に判断を委ねることで、自分は責任をとりたくないという姿勢が見え隠れします。

まずは、「いたします」と報告して、自分の思うように動きましょう。もし判断が間違っていた場合は、教えてもらえます。そのための報告ですから。

自分の
仕事ぶりに
責任を
とれるのは
自分だけ。

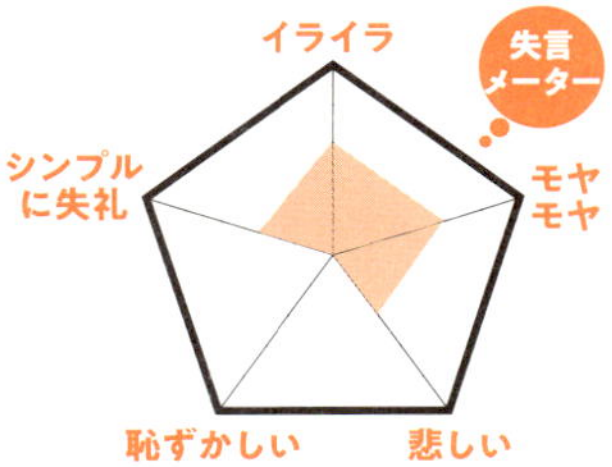
失言メーター
イライラ
モヤモヤ
悲しい
恥ずかしい
シンプルに失礼

64

相談したいとき

言いがち
レベル
75

失言かも

させていただきます

過度な恐縮や謙遜は、かえって失礼になることも。適切な敬語をマスターして、大人の品位を保ちましょう。

言うならこっち

いたします

拝見させていただきます
……
拝見いたします

「させていただく」は、教科書どおりの説明をするなら「させてもらう」の謙譲語。使って問題のない正しい言葉ですが、違和感を覚える人も多いようですね。

実は、「させていただく」は、主に許可を伴うケースにしか使いません。「体調がすぐれないので早退させていただきます」「念のためコピーをとらせていただきます」はOK。「資料を拝見させていただきます」は、資料を見るのに許可は必要ないし、敬語がふたつ重なっている点でも正しくありません。シンプルに「拝見します」が正解です。

「慇懃《いんぎん》無礼《ぶれい》」という言葉が示すとおり、必要以上にへりくだった言い方は、かえって失礼になる可能性も。大人として、シンプルで適切な敬語をマスターしたいものですね。

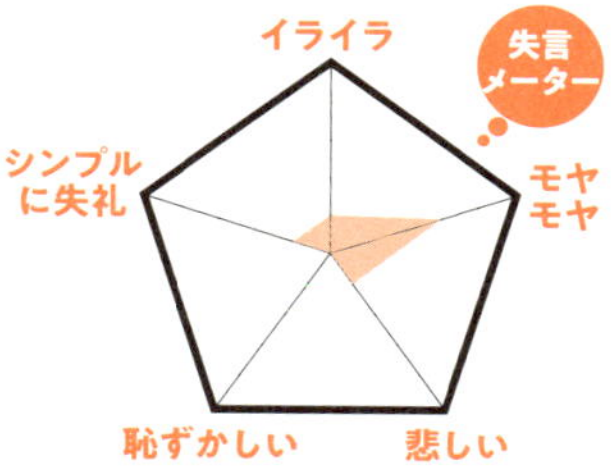

65

お願いするとき

言いがち
レベル
83

失言かも

何卒よろしくお願い申し上げます

ビジネス上のお付き合いであっても、関係性が深まってきたら、少しずつ親しみを込めた言い方に変えていってＯＫ。

言うならこっち

よろしくお願いします

THE
ビジネスライク！
今後とも
ご用命賜りますよう
何卒よろしくお願い
申し上げます。

ビジネスのシーンでよく使われる「何卒よろしくお願い申し上げます」のフレーズ。取引先とのメールの締めに、お決まりのように使っている人もいるのではないでしょうか。

「何卒」は、「どうぞ、どうか」と相手に強く願う気持ちを表す丁寧な言葉。どうしても受けたい仕事の相談など、重要なお願いメールにピンポイントで使うと効果的です。

しかし、毎回使うのは少しビジネスライクすぎるかも。判で押したような「何卒……」は、相手に心を開いていないことをあえて強調するような印象があります。

何度も会っている相手や、ましてや社内の人には、シンプルな「よろしくお願いします」で十分です。

「ビジネス」と
「親しみ」の間の
いいバランスを
見つけるのじゃ。

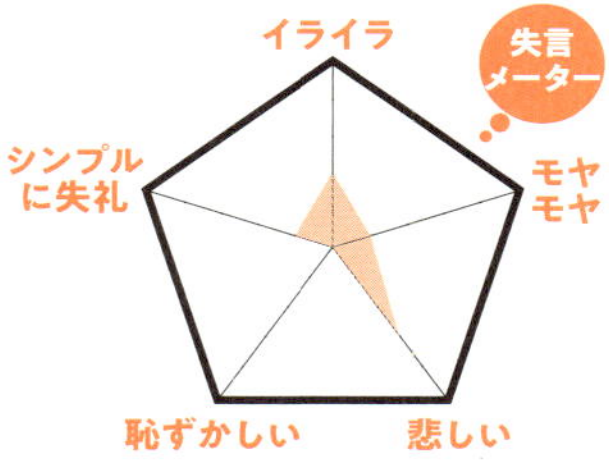

失言メーター
イライラ
モヤモヤ
悲しい
恥ずかしい
シンプルに失礼

66

連絡が空いたことをわびるとき

言いがちレベル 90

失言かも

バタバタしていて

忙しいとつい使ってしまいがちですが、相手の優先順位が低いことを告げる失礼ワード。返信が遅れたことをストレートにわびましょう。

言うならこっち

遅くなってごめんなさい

ごめんー バタバタしててさ
うん……
遅くなってごめんね！子どもが熱出してて
そうだったんだね 大変だったね

ＬＩＮＥの返信が遅れたとき、つい使ってしまう「ごめんね、バタバタしていて（汗マーク）」のひとこと。

返信できなかったことを正当化する魔法のワードのように思えますが、場合によっては相手にさらなるダメージを与えることにもつながる、危険な言葉です。

というのも、１通のＬＩＮＥに返信する暇はないのに、他の「バタバタしている」物事に割く時間はあるわけです。言い訳のようでありながら、「私の中で、あなたの優先順位は低いんです」と宣告しているようなもの。

体調を崩していた、仕事が超絶繁忙期だったなどの「バタバタしていた」理由が本当にあるなら、素直にそれを伝えましょう。なんとなく「バタバタしていた」だけなら、「遅くなってごめんね」のほうが、ずっと返信を待っていた相手の心も少し和らぐかも。

「相手よりも
自分のほうが
忙しい」と
思ってない？

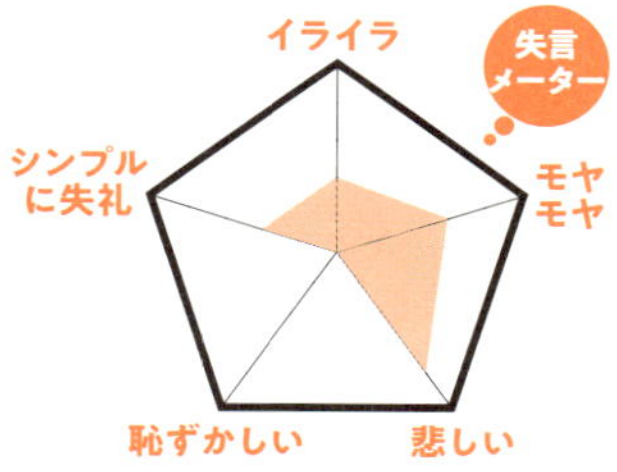

失言メーター
イライラ
モヤモヤ
悲しい
恥ずかしい
シンプルに失礼

67

相手の厚意を断りたいとき

言いがち
レベル
72

失言かも

けっこうです

間違いではありませんが、「拒否」の意向が強く伝わり、思った以上に冷たく聞こえる言い方です。

言うならこっち

お気持ちだけいただきます

「食べ物をすすめられたけど、もうお腹がいっぱい」「先輩が仕事を手伝うと言ってくれているけど、自分の力でやりたい」……そんなときの断り文句、「けっこうです」。

「いいです」や「大丈夫です」などと比べると丁寧で、ビジネスシーンにもふさわしく思えるフレーズですが、少し注意が必要です。

「けっこうです」は、自分にそんなつもりはなくても、相手をピシャリと拒んでいる印象があり、必要以上に冷たく聞こえます。特に、目上の人には使わないほうがいいでしょう。

そして、おかわりや、仕事のサポートそのものは断るにしても、「お気持ちだけいただきます」「お気づかいありがとうございます」と、相手の厚意には感謝を示すのが礼儀です。

「けっこうなお味で」のように、肯定の意味で使うこともあるぞ。

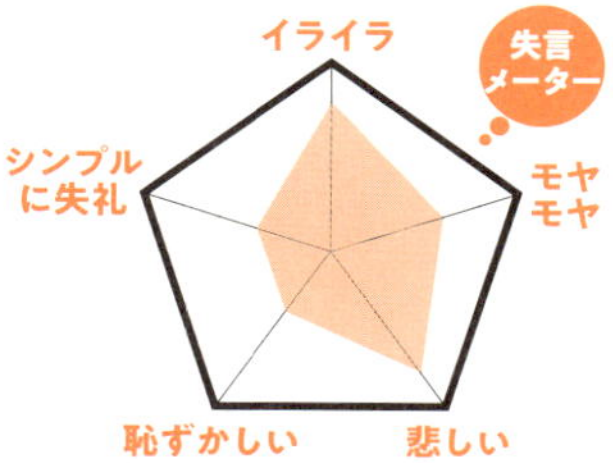
失言メーター
イライラ
モヤモヤ
悲しい
恥ずかしい
シンプルに失礼

68

相手の厚意を断りたいとき

言いがちレベル 88

失言かも

大丈夫です

断りの意味の「大丈夫です」は、比較的最近使うようになった言い回しです。年配の人には伝わらないこともあるので、注意が必要。

言うならこっち

いいです、ありがとうございます

「レジ袋はご利用ですか？」「大丈夫です（＝いりません）」のように、断りの意味で「大丈夫です」を使うことがありますよね。

実は、この「大丈夫です」は、比較的最近の言い回しです。もともと「大丈夫」には、「安心できる、しっかりしている」という意味がありますが、これがいつしか「配慮はいらない」＝断りの文句へと変化。特に、対人関係の衝突をなるべく避けたい若い人が使うようになったようです。

そのため、年配の方には通じないことも。「もっとたくさん食べられる？」と聞かれ、「大丈夫です」と断ったつもりでも、「まだまだ食べられます」という肯定の意味で受けとられかねないのです。

断るなら「いいです」「いらないです」などとはっきりさせたほうが、コミュニケーションはスムーズにいきます。もちろん、厚意に対する感謝もセットで伝えてくださいね。

「一緒に行く？」
「大丈夫です」
……
行くor行かない、どっちじゃ？

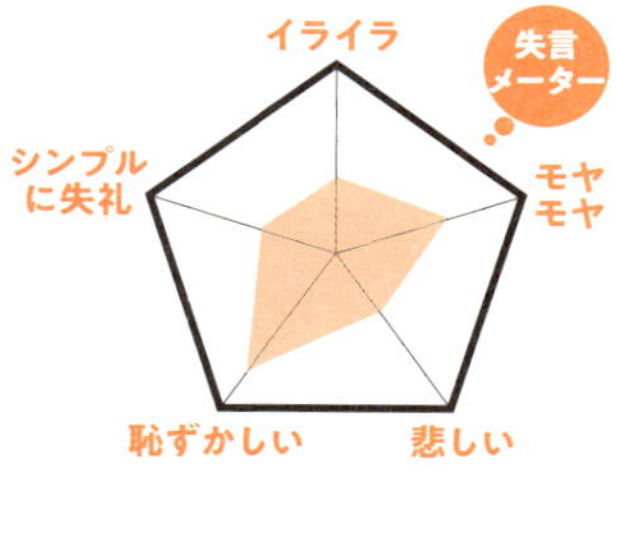
失言メーター
イライラ
モヤモヤ
悲しい
恥ずかしい
シンプルに失礼

69

相手の厚意を受け入れるとき

言いがち
レベル
76

失言かも

恐れ入ります

他人行儀すぎると、相手はさみしく感じます。せっかくの厚意には、人間味のある言葉で感謝の気持ちを示しましょう。

言うならこっち

お言葉に甘えます

恐れ
入ります
手伝おうか?

お言葉に
甘えさせて
もらいます!!
手伝おうか?

「恐れ入ります」は、相手に負担をかけることに対して、感謝や敬意を示す言葉です。メールでは、「恐れ入りますが、○日までにご返信をいただけると幸いです」のように、お願いごとの前のクッション言葉としてよく使いますよね。

しかし、あまり多用するのは考えもの。また、自分のために何かをしてくれることになった相手に対して「恐れ入ります」と言うのは、少し他人行儀な印象も受けます。

せっかく感謝の気持ちを伝えるなら、「お言葉に甘えます」のような人間味のあるフレーズのほうが、相手からの印象もよくなります。

メールや電話の冒頭で「お忙しいところ恐れ入ります」と伝えるのも不要です。相手が忙しいとわかっているなら、なおさら単刀直入に本題に入りましょう。

さらに
かしこまった
「恐縮です」も
要注意
ワードじゃ。

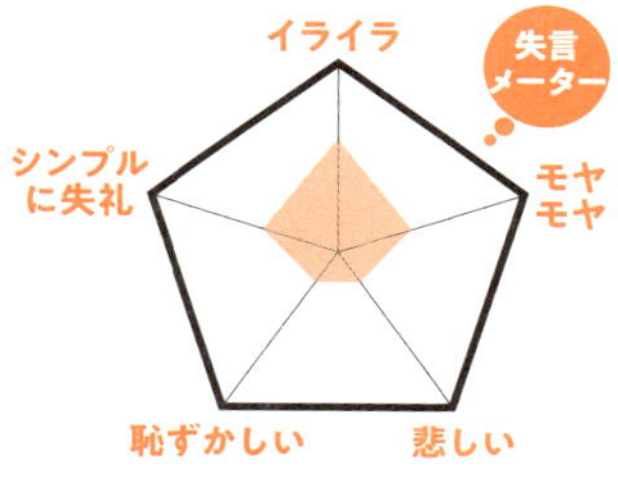
失言メーター
イライラ
モヤモヤ
悲しい
恥ずかしい
シンプルに失礼

70

思い違いがあったとき

言いがち
レベル
65

失言かも

誤解です

誤解＝思い違いが生じる責任の一端は、説明する側にもあります。「誤解です」と言う前に、説明がうまくいかなかった謝罪を。

言うならこっち

こちらの説明不足で すみません

相手が思いもよらぬことで怒っていると、「誤解です！」と言いたくもなります。

しかし、「誤解です」は、「相手の認識が間違っている」ことを強調する言い回しです。政治家がよく「国民の誤解を招いて申し訳ない」と謝罪するのは、「私は悪くない、悪いのはそういうふうに受けとった国民だ」ということを暗に示したいからです。

「誤解です」と言いたくなるシーンでは、説明側と受けとり手の間に思い違いが生じています。この思い違い＝認識のズレが生じる原因は、説明不足と理解力不足のどちらか、あるいはその両方にあります。

「そんなつもりはなかった」としても、まずは「説明不足ですみません」と自分の非をおわびしましょう。

「誤解されやすい」という人は、普段の言動を振り返ってみるのじゃ。

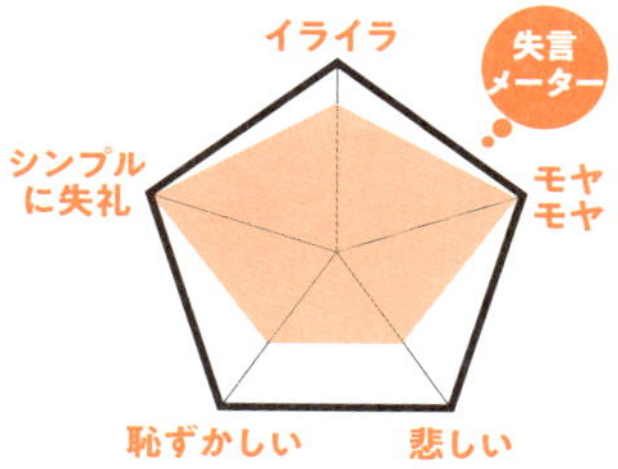
失言メーター
イライラ
モヤモヤ
悲しい
恥ずかしい
シンプルに失礼

71

謝罪されたとき

言いがち
レベル
50

失言かも

気にしないでください

どちらに非があるのかあやふやなときは、〝お互いさま感〟を出すのが丸く収めるコツ。くれぐれも〝謝ったもん負け〟にはしないで。

言うならこっち

私のほうこそすみません

「気にしないでください」は、相手の謝罪を受け入れることを示し、おおらかさを感じさせる言葉です。

しかし、逆に、これを言うと「おわびした側が悪い」ことが確定します。

たとえば、待ち合わせでお互いが異なる時間を思い込み、すれ違いが生じたとき。口頭での約束だと証拠もなく、どちらが正しかったのかわかりません。このとき、どちらかが「すみません」と謝り、それに対して「気にしないでください」と返すと、その途端、先に謝った側が間違っていたことになってしまうのです。謝った側はモヤモヤ必至です。

どちらが正解だったかは関係ありません。「こちらも確認不足ですみません」「私も遅れるときありますので」のように〝お互いさま感〟を出すと、いい着地につながります。

知らず知らずの
うちに
「許す」立場に
なっていないか？

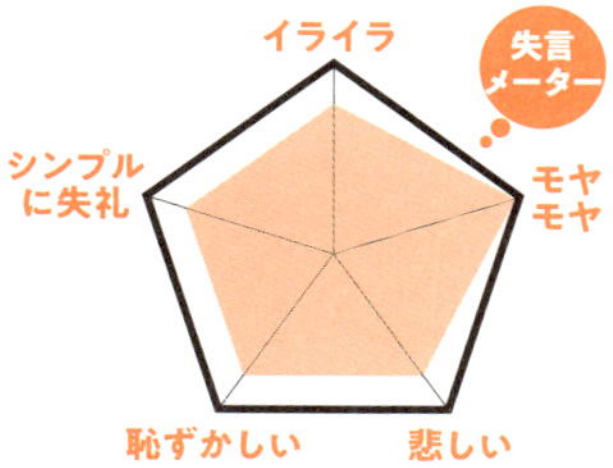
失言メーター
イライラ
モヤモヤ
悲しい
恥ずかしい
シンプルに失礼

72

依頼を断りたいとき

言いがち
レベル
55

失言かも

今は忙しいです

オファーを断る際は、その「断り方」が何より重要です。まずは依頼への感謝を示し、実現のための具体的な方策を伝えましょう。

言うならこっち

ありがたいお話なんですが、来月ならできます

上司や先輩、取引先から新しい仕事をお願いされたけど、手いっぱいで受けられないというとき、「今は忙しいです」という断り方はやめたほうがいいかも。

忙しいのは事実だとしても、検討の余地もない言い方が強い拒絶のように聞こえ、相手によっては「二度と頼まないわ」と思われる可能性も。

まずは、依頼しようとしてくれたことに対して、「ありがたい」「うれしい」という気持ちを伝えましょう。そのうえで、「来月ならできます」「今抱えている○○が済んだらとりかかれます」のように、いつならできるのかを具体的に伝えるのがおすすめです。

頼む側は、「それまで待とう」「今回は別の人にお願いするけど、また機会があったら依頼しよう」という気持ちになります。

「次につながる
断り方」を
覚えておいて
損はないぞ。

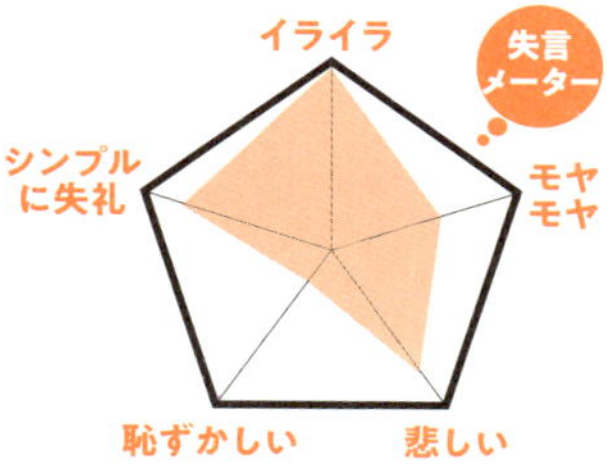
失言
メーター
イライラ
モヤ
モヤ
悲しい
恥ずかしい
シンプル
に失礼

73

すでに知っている話題のとき

言いがちレベル 82

失言かも

知っています

「知ってる！」と情報通ぶるのはいい印象を与えません。相手の話は、話の腰を折ることなく最後まで聞きましょう。

言うならこっち

私もこの間知ったのですが

裏通りに新しいカフェできたんだよー
そうなんだー今度行こうよ！
知ってます昨日行きました
ニヤ
スタスタスタスタ スタ スタ……

小さな子どもは、よく「知ってる！」と言います。「知っている」ことを言わずにはいられない素直さが、なんだかかわいいですよね。

でも、大人になっても「知ってる！」と言い続けるのはちょっとマズいかも。「私のほうが先に知っていた」という自慢のニュアンスが感じられ、話題を提供してくれた人に対して失礼です。

また、最後まで聞かずに「知ってる！」と言うと、そこで話が終わってしまうことも。最後まで聞けば得られたはずの情報を逃すことにもつながります。負けず嫌いもほどほどに。

ただし、「私もついこの間知りました！」のように、〝鮮度〟を伝えるのはOK。情報の新鮮さを共有することで、場の盛り上がりがさらに加速します。

「知ってる」以上の情報を得たいなら、「知ってる」と言わないほうがいいぞ。

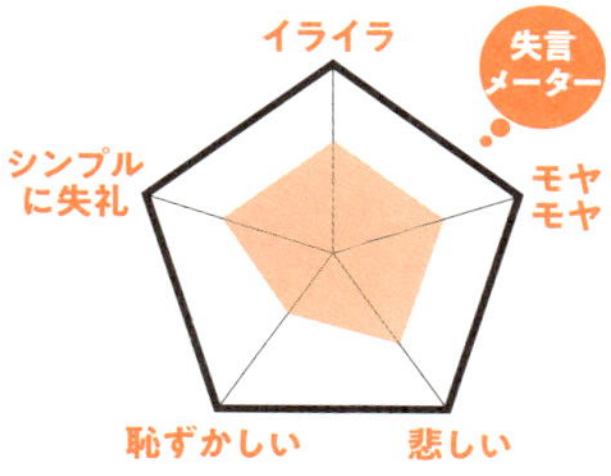
失言メーター
イライラ
モヤモヤ
悲しい
恥ずかしい
シンプルに失礼

74

提案したいとき

言いがち
レベル
62

失言かも

嫌いなので、ダメなので

「好き／嫌い」は人それぞれで、そこに優劣はありません。お互いの嗜好を尊重し合える関係性が理想です。

言うならこっち

ちょっと苦手なので

私、魚介類嫌いだし
ご飯系も麺類もダメで
今ダイエット中だし
なんなら食えるんだよ
MENU
MENU

人にはさまざまな好き嫌いがあります。食べ物はもちろん、タバコやお酒が嫌いという人、野球は絶対に見ないという人、いかなるギャンブルも絶対に受けつけないという人もいるでしょう。

でも、どんなジャンルのものであっても、「嫌い」「ダメ」と一刀両断するのはあまりよくありません。なぜなら、それらを好きな人が嫌な気持ちになるから。好きなものを否定されると、人は悲しくなります。

苦手なものを避けてほしいときは、あくまでも自分が気を使わせる側だということを意識して、「タバコがちょっと苦手なので、禁煙のお部屋だとありがたいな」「競馬はちょっと苦手なので、その時間は別行動にしよう」などと控えめにお願いするのが◎。苦手だというあなたのことも尊重してもらえるでしょう。

大人なら、
オブラートに
包んで伝える
技術を
磨くのじゃ。

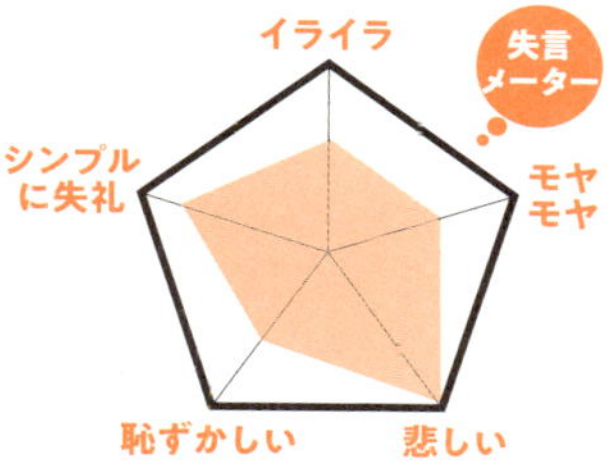
失言
メーター
イライラ
モヤ
モヤ
悲しい
恥ずかしい
シンプル
に失礼

75

提案したいとき

言いがち
レベル
52

失言かも

前の職場では

提案をするとき、「前の職場の知識」であることを特に強調する必要はありません。どんな提案もよければ受け入れられます。

言うならこっち

**たとえば、こういうやり方は
どうでしょうか？**

「前の職場では」というフレーズからは、「前の職場のほうがよかった、すぐれていた」というニュアンスが感じられます。「今の職場」の人からしたらおもしろくありませんし、せっかくいい提案だったとしても、心理的に受け入れづらいかも。よりよいやり方があるのなら、「こういう方法もあるのですが」とシンプルに切り出せばOKです。

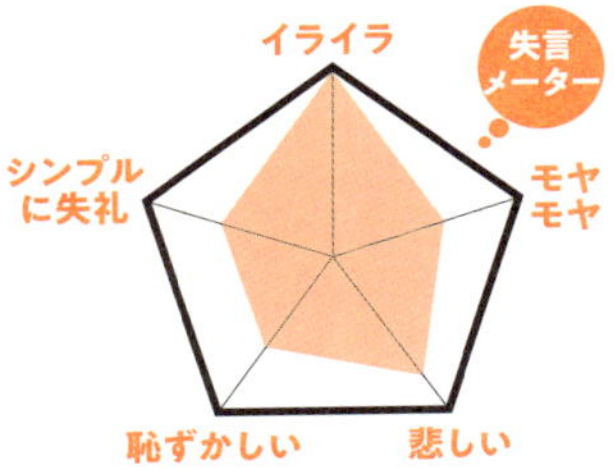

76 依頼を断りたいとき

言いがちレベル 65

失言かも

無理です

オファーを断られるのは、それだけでつらいこと。せめて伝え方だけでもやわらかくするのが、大人の気づかいです。

言うならこっち

ごめんなさい、難しいです

なんらかのお願いごとや、お誘いを断るとき。期待を持たせることなく、きっぱり断るのがやさしさと言えなくもないですが、それでも「無理です」というのはキツい言い方です。子ども同士は無邪気に「今日学校終わったら遊べる?」「無理ー」というやりとりをしていますが、無邪気でいるのは子どものうちだけにしてくださいね。

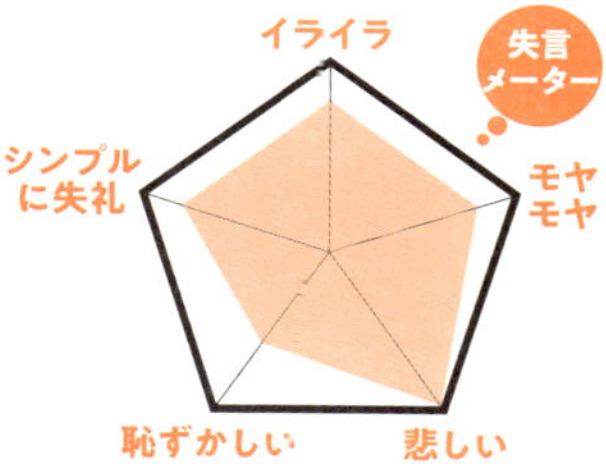
失言メーター
イライラ
モヤモヤ
悲しい
恥ずかしい
シンプルに失礼

失言研究コラム⑤

礼儀正しすぎるのもつらい!?

礼儀正しいのは、もちろんいいことです。しかし、どんなときもかたくなに「正しさ」を追求しようとすると、周りに圧を与えてしまいます。

たとえば、新入社員の頃に「下座に座るように」と教わって以来、必ずそうするという人。後輩が入ってきてからもそれを押し通すのは、逆に後輩への配慮がない行動と言えます。

グラスが空いた人の追加注文や、サラダのとりわけも、「私がやらなくては！」としゃかりきになると“気が利く人アピール”と思われかねません。明らかに上下関係が明確な会でもない限り、注文やとりわけがしやすい座り位置の人、あるいは、それぞれが自分でやるのが今風です。

エレベーターのマナーも見直しましょう。なんとか先に乗り込んで階数ボタンを死守しようとする人がいますが、自然な流れで近くに乗った人が押せばOKです。

第6章

Shitsugen
Zukan

育児
の言葉

77

妊婦さんに話しかけるとき

言いがち
レベル
35

失言かも

お腹大きくなったね

妊娠中という特別なシチュエーションにあっても、「お腹」という体型への言及は避けるべき。自身の体型の変化に戸惑っている人もいます。

言うならこっち

体調はどう？

「大きくなってきたね！」と、妊婦さんのお腹をさすさす……〝あるある〟のほほえましいシチュエーションではありますが、体型のことを言及されると不快に思う人もいます。

触っていいのは、妊婦さん自ら「触って」というアクションをしてきたときのみ。お腹の中の赤ちゃんを愛おしく思う気持ちはわかりますが、妊娠していない人にやらないことは、妊娠している人にもやらないようにしましょうね。

声がけ自体も、体調を気づかうぐらいにとどめ、体型への言及などは避けるようにしましょう。特に、出産経験者はこのへんの感覚がゆるくなりがちですから、デリケートな妊娠時代を思い出して、細心の注意を払って。

とにかく、最優先事項は妊婦さんに不要なストレスを与えないこと。それさえわかっていれば、とるべき／とるべきではない行動がわかるはず。

お腹の子の
性別を聞くのも、
できれば
言われるまでは
待ちたいぞ。

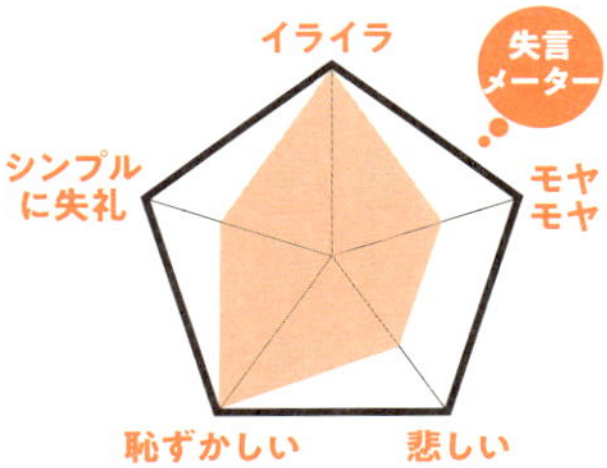
失言
メーター
イライラ
モヤモヤ
悲しい
恥ずかしい
シンプルに失礼

78

出産をねぎらいたいとき

言いがち
レベル
44

失言かも

ママに見えない！産後に見えない！

純粋なほめ言葉のつもりでしょうが、ママ「なのに」、産後「なのに」という偏見が見え隠れする言い方です。

言うならこっち

きれいですね

産後3カ月で復帰だって〜全然ママに見えないなー
・・・・・・・
今のワタシに
正直なワタシ

出産したばかりの友人に会ったときに言いがちな、「産後に見えない！きれい！」というほめ言葉。うれしく感じる人もいるかもしれませんが、この言葉が浮き彫りにするのは、「産後のママはきれいではないはずだ」という思い込みです。

そして、その思い込みは、「きれいでいなくちゃ」という圧となり、ただでさえ大変な産後の友人を苦しめることにつながります。

産後でなくても、「ママに見えない！」「〇人も子どもがいるの!?」「そんなに大きい子がいるなんて！」なども「そんな人がきれいなはずはない」という偏見が透けて見える言葉です。

どうしてもほめたかったら、「ママ」という属性とは切り離し、素材そのものをほめるようにしましょう。

芸能人の
「産後1カ月で
復帰！」は
特殊な例なので
惑わされてはならぬ。

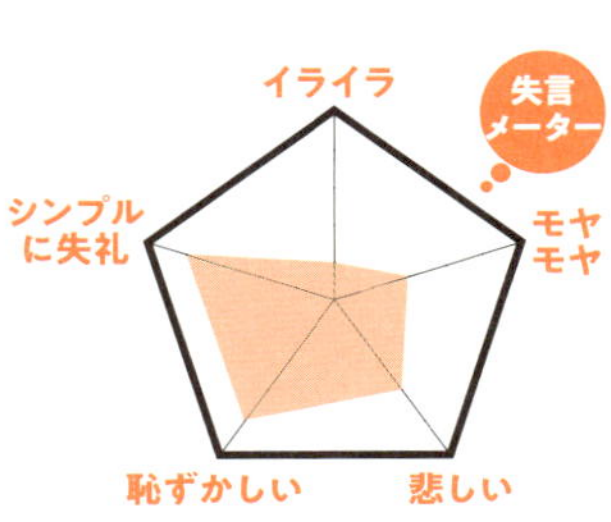

79

出産をねぎらいたいとき

言いがち
レベル
67

失言かも

自然？無痛？

出産方法にはじまり、育児中はさまざまな選択を迫られます。安易に「あなたはどっち？」と〝流派〟を聞くと、摩擦が生じる可能性が。

言うならこっち

出産おめでとう！育児はどう？

自然分娩だったの？無痛？帝王切開？
バッ
母乳？ミルク？
ババッ
保育園？実家近いの？
祝
復帰

出産を終えた友人に、「自然分娩だったの？　無痛？　帝王切開？」。

何気ない気持ちで聞いたのかもしれませんが、出産はデリケートなものですから、聞かれて嫌な思いをする人も。自分から話してくれるまでは、聞かないほうがいいでしょう。

「母乳？　混合？　完ミ（完全ミルク）？」も同様です。世間話のつもりで挙げるには繊細なトピックなので、話題にしないほうが無難です。だいたい、赤ちゃんが何を飲んで育とうが、周りの人には関係ありません。

しかし、中には、「〇時に前駆陣痛がきて、〇時に〇分間隔の本陣痛がはじまって、病院に行ったらすぐに産まれそうになって……」と、自身の出産エピソードを臨場感たっぷりに話したいタイプの人もいます。その場合はじっくり聞いてあげるのが◎。いずれにしても、出産を終えたばかりの友人が楽しい時間を過ごせるよう、心をくばりましょう。

「ワーママ？
専業主婦？」。
この先も
聞かなくて
いいことが
たくさんあるぞ。

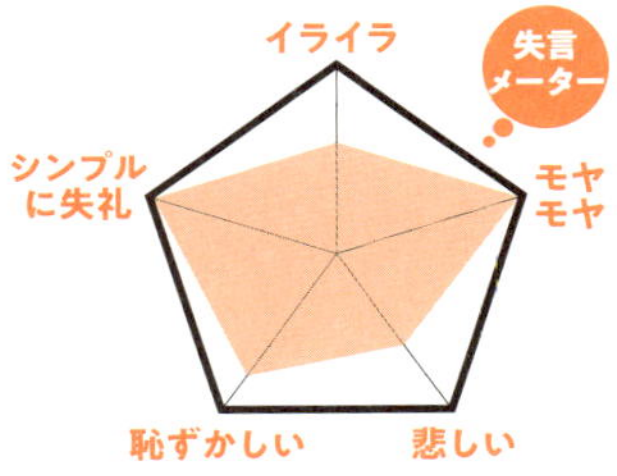
失言
メーター
イライラ
モヤモヤ
悲しい
恥ずかしい
シンプルに失礼

80

赤ちゃんをほめたいとき

言いがちレベル
75

失言かも

大きいね 小さいね

かわいい赤ちゃんに、「評価」の軸を感じさせるようなほめ言葉はふさわしくありません。ただただ「かわいい！」と伝えるのが大正解。

言うならこっち

かわいいね

大きい赤ちゃんだね～
パパ似かな？
ハ、ハ、ハ……

目の前の赤ちゃんをほめたいとき。つい、これまでに見てきた他の赤ちゃんと比べて「大きいね（小さいね）」「髪の毛多いね（少ないね）」「色黒いね（色白だね）」などと言ってしまいそうになりますが……その発言、いったんストップ！

ママやパパにとっては、唯一無二の赤ちゃんです。そんなかけがえのない存在に対して、比較による「評価」はいりません。

また、体の大きさや毛量、肌の色などを気にしている親も多いです。「ミルクの飲みすぎで体重が増えすぎかも……」と悩んでいる場合、ほめるつもりで言った「大きいね」が、逆に傷つける言葉になってしまいます。

かわいい赤ちゃんには、「かわいい〜〜〜!!!」以外のほめ言葉はないと心得ましょう。

「パパ似、ママ似」
「二重なんだね」
「早生まれなんだ」
も言わなくて
いいぞ。

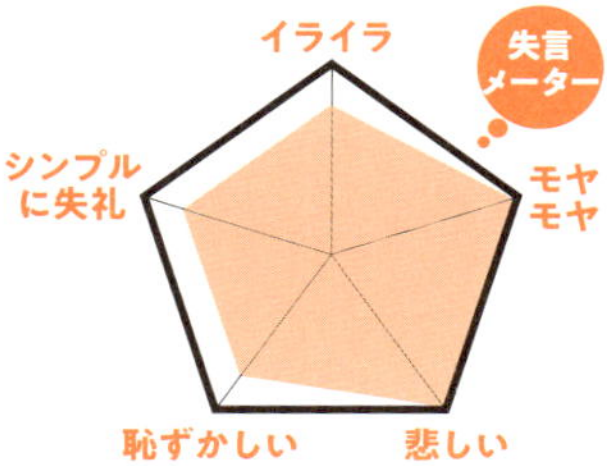
失言メーター
イライラ
モヤモヤ
悲しい
恥ずかしい
シンプルに失礼

81

子育てについて話すとき

言いがちレベル 65

失言かも

（男の子は）大変そう

男の子を育てるのも、女の子を育てるのも、どちらも違った大変さがあります。違いをことさら強調する必要はありません。

言うならこっち

元気でいいね

女の子を育てるのに比べると、「大変」とされがちな男の子の育児。体力があり余っていて毎日公園通い、おもちゃを投げる、ヒーローごっこに付き合わなくてはならない……「まるで宇宙人を育てているみたい」とこぼすママもいますよね。

そんな相手に対して、女の子の親がかける「男の子は大変そう」の言葉。ねぎらっているように見せかけて他人事で、どことなく〝女の子の親である〟ことの優越感も漂います。

大変かどうかは、性別によるのではなくその子の個性です。性別関係なく、子どもは宝。「女の子」という回答を期待した「本当はどっちがほしかったの？」「次はどっちがほしい？」という質問もやめておいたほうがいいでしょう。

「大変そう」の
後に続く
「私には無理」も
いやらしく
聞こえるぞ。

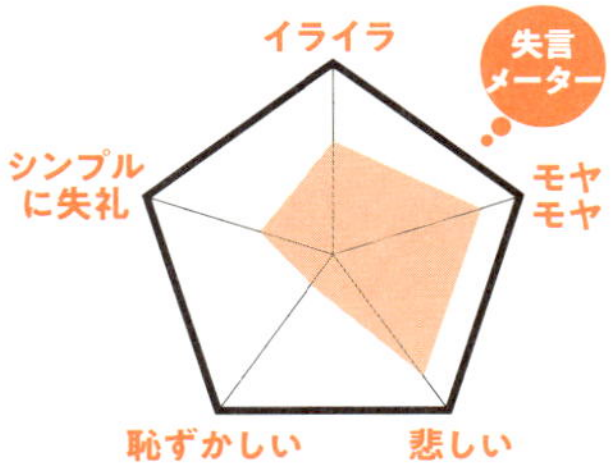
失言
メーター
イライラ
モヤ
モヤ
悲しい
恥ずかしい
シンプル
に失礼

82

子育てについて話すとき

言いがち
レベル
67

失言かも

（女の子は）ラクそう

自分とは違う境遇の相手をうらやむのはやめましょう。勝手に比較された相手は返答に困ってしまいます。

言うならこっち

女の子を育てるのってどんな感じ？

静かにお人形遊びをする女の子を見た男の子のママが、「女の子はラクそうでいいね」。いつもきょうだいげんかの仲裁ばかりしているママが、「ひとりっ子だとラクでいいね」。完全ワンオペのママが、実家近くに住むママに「いつもばあばがいていいね」……言われた側はなんと返したらよいのか、困ってしまう発言です。

自分とは状況が違う育児を見ると、つい「うらやましい」と思ってしまいがち。でも、どんな状況であれ「ラクな育児」なんてものはありません。勝手に比べて、勝手に嫉妬するのはやめましょう。

また、うらやましいと思う相手も、余裕そうに見えるその裏で、何か他の大変なことを抱えている可能性もあります。一面だけを切りとって、相手を「ラク」と決めつけることのないようにしたいものです。

育児を
がんばる者同士、
お互いを
たたえ合うのじゃ。

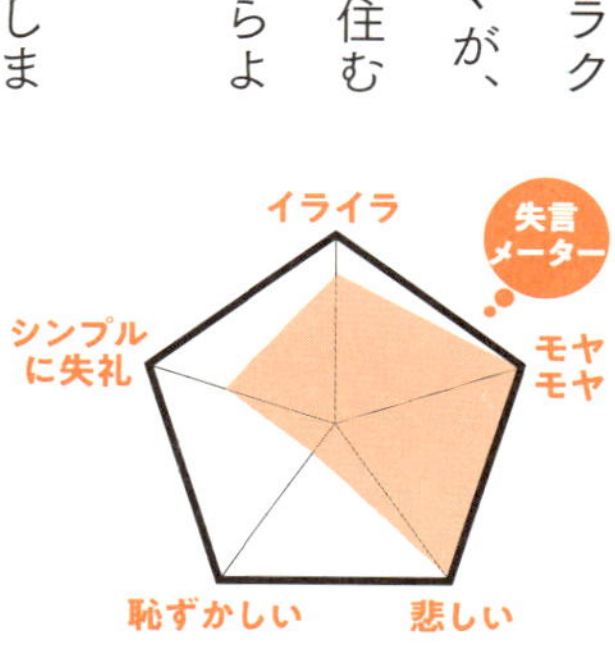

83

子育てについて話すとき

言いがち
レベル
64

失言かも

かわいそう

「大変さ」の尺度は人それぞれ。かわいそうかどうか、他人が評価する必要はありません。相手がヘルプを求めていたら、具体的な手助けを。

言うならこっち

大変だね。手伝えることがあったら言ってね

ワンオペでかわいそう
0歳から保育園なんてかわいそう
かわいそう
ず〜〜ん…
実家が遠いのかわいそう
う〜

「ワンオペでかわいそう」「0歳から保育園に預けてかわいそう」「実家が遠くて頼れないなんてかわいそう」……ひとつ前のページ「ラクそう」の逆バージョンですね。

P122の「大変そうだね」のように、寄り添っているように見せながらも、外側からただ傍観しているようなイメージの言葉です。

まず大前提として、かわいそうかどうか、他人が評価をする必要はありません。そして、もし本当にかわいそうだ、気の毒だと思うようなら、「大変だね。何かあったら、うちの子と一緒に○○ちゃんのこと見ておくよ。いつでも言ってね」などのように、具体的に相手の助けになるような発言がいいでしょう。

もしかすると、「いや、全然大変じゃないけど（笑）」という回答が返ってくることもあるかもしれません。「大変さ」は人それぞれですからね。

相手を勝手に「かわいそう」のフィルターで見るのは失礼。

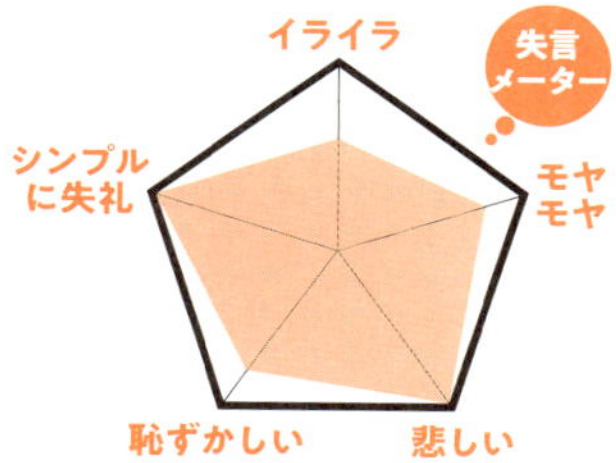

84

子育てについて話すとき

言いがちレベル52

失言かも

仕事のほうがラク

育児と仕事のバランス比は、個人や家庭によって千差万別。正解は存在せず、そもそも比べること自体が不毛です。

言うならこっち

仕事も育児も大変だよね

育児と仕事のバランスは、親になった人にとって永遠のテーマと言えるでしょう。個人で、家庭内で、それぞれをどのようなバランスで配分するかを決めていく。理想とするバランスは人、そして家庭によって異なり、正解はありません。

忙しく過ごすワーキングマザーが、専業主婦に対して「ずっと子どもといるなんてえらいね。仕事してるほうがラクだよ」。自虐の意味も込めて言ったのかもしれませんが、なんだかバカにされているような気がする言葉です。

逆方向の、「仕事しながら子どもを育てるなんてすごいよ。子育てのほうがラク」を言われて、手放しで喜ぶ人もいないでしょう。

負担の割合をめぐり、どっちがラクかを夫婦間で言い合うのも不毛です。正解は、「仕事も育児も、どっちも大変」！

よその家庭の
やり方には
口出ししない
のが鉄則。

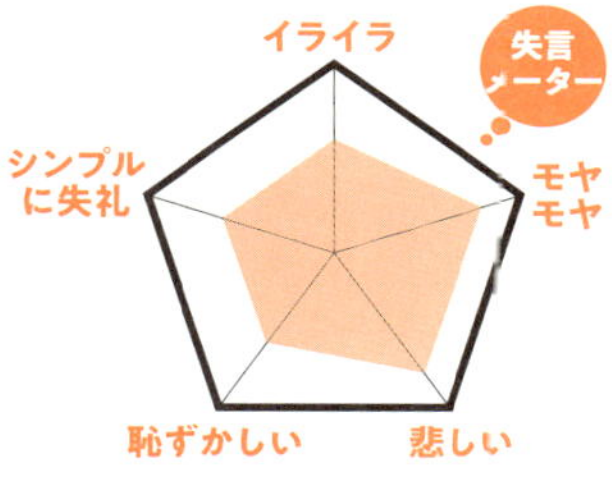
失言
メーター
イライラ
モヤモヤ
悲しい
恥ずかしい
シンプルに失礼

85

子育てについて話すとき

言いがち
レベル
78

失言かも

○歳からラクになるよ

気軽なアドバイスのつもりが、相手をさらに追い詰めることにつながる可能性も。先輩風は、相手から求められるまでは吹かさないで。

言うならこっち

○歳の頃は大変だよね

3歳になったらラクになるよ!
今がいちばんかわいいわよ!
うちの子の場合は……
どんどん大変になるから~!

夜も昼もなく授乳とおむつ替えを繰り返す新生児期、2歳頃からはじまる壮絶なイヤイヤ期……子育てに存在するさまざまな〝壁〟。今まさに渦中にいる人を、安易に「○歳になればラクになるよ」「今だけだよ」と励ますのは、かえって逆効果になる可能性があります。

というのも、いつまで続くかは子ども次第です。相手が、「○歳まで……!」とあなたの言葉をお守りがわりにしてしまった場合、そうでなかったときの絶望は計り知れません。そもそも、ほんの数年の育児歴の差で先輩風を吹かすのもどうかと思います。

基本的には「その時期は大変だよね」と共感の気持ちを見せたうえで、相手から「これってどれくらい続くんですか?」と聞かれたときだけ、あくまでも「うちの子の場合」というスタンスで答えるぐらいがちょうどいいでしょう。

「これからどんどん大変になるよ～!」も相手を絶望しかさせないので×。

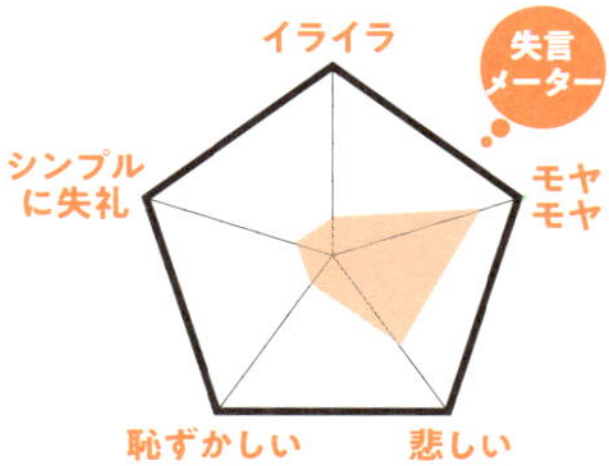

失言研究コラム⑥

「いい質問」ってなんだろう

相手がどんな人なのかを知るには「質問」が欠かせません。「休みの日は何してるの？」「どこ出身なの？」……質問と回答のやりとりを繰り返すことで、相手との関係が自然と深まっていきます。

ただし、質問の質と量には注意が必要です。詮索されたくない部分にまでふれられると、相手はあっという間に心を閉じてしまいます。かといって、まったく質問しないと、相手に「私に興味ないのかな？」「私の話、つまらないかな？」と思わせてしまうことに。距離感を測りつつ、踏み込みすぎない程度の質問を重ねていくことが大切です。

そして、回答する側になった際には、「回答＋α」の情報を提供できるといいですね。適度な自己開示によって自分がどんな人かをわかってもらうことが、相手からの信頼獲得につながります。

第7章

Shitsugen
Zukan

自虐の言葉

言いがちレベル 67

失言かも

もう○歳でヤバい

先回りの自虐は、相手に気を使わせてしまいます。何歳であろうと堂々と答えるのが、スマートな大人のふるまいです。

言うならこっち

○歳です

相手のことを知るうえで、年齢は重要な要素です。同世代だとわかると、とたんに距離が縮まることもありますよね。

しかし、今は、基本的に年齢についてはふれないのがスタンダード。結婚をめざす出会いでもない限り、初対面で「何歳ですか?」と聞くことはまずありません。そこを乗り越えて「何歳ですか?」と聞いてくれるのは、「あなたともっと仲よくなりたい」と思ってくれている証拠です。

そんな相手に対して「もう○歳なんです。もうおばさんでヤバいですよね（笑）」などと答えるのはあまりよくないかも。先回りの自虐は、相手に気まずい思いをさせてしまいます。「そんなことないですよ」以外の返しがなく、場の雰囲気も微妙なものに。

さらに、相手を含め、その場にいるそれ以上の年齢の人を傷つけるというリスクもありますので、気をつけましょう。

年齢は
ただの数字。
普通に
答えるのが
いちばんじゃ。

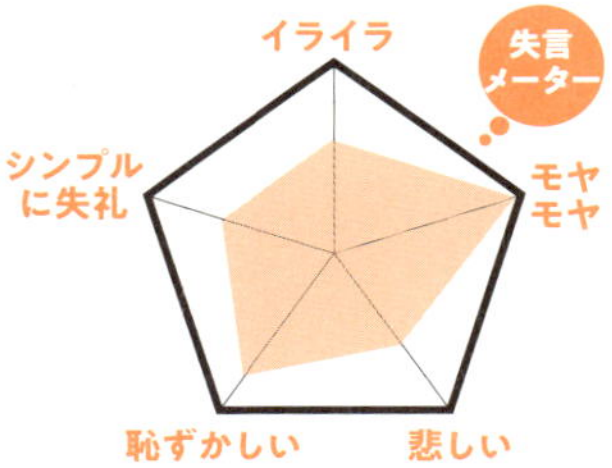
失言メーター
イライラ
モヤモヤ
悲しい
恥ずかしい
シンプルに失礼

言いがちレベル 56

失言かも

人見知りなんで

自分を弱く見せることで、会話の盛り上げ役を相手に求める、ある意味わがままなひとこと。初対面や大勢の場が得意でないのはみんな同じです。

言うならこっち

緊張しますよね

初対面の人とうまく会話が続かないとき、あるいは大勢の集まりで居心地が悪いとき。「私、人見知りなんで」と言うのは、ちょっと子どもっぽく見えてしまうかもしれません。

このフレーズは、「人見知り」という言い訳を盾にして、「私はうまく話せないから、あなたが盛り上げてよ」と言っているのと一緒。自分を弱く見せた、他力本願な言葉と言えます。

初対面や大勢の場は、あなただけでなく、多かれ少なかれみんな緊張するもの。難なく盛り上がっているように見える人も、実は緊張しながらもがんばっているのかもしれません。

うまく会話が続かないなら、「こういう場って緊張しますよね」とありのままの気持ちを伝えると、意外と共感し合えるかも。「ですよね！」と返ってきたら、相手はもうあなたの仲間です。

年をとれば
とるほど、
この言い訳は
通用しなく
なるぞ。

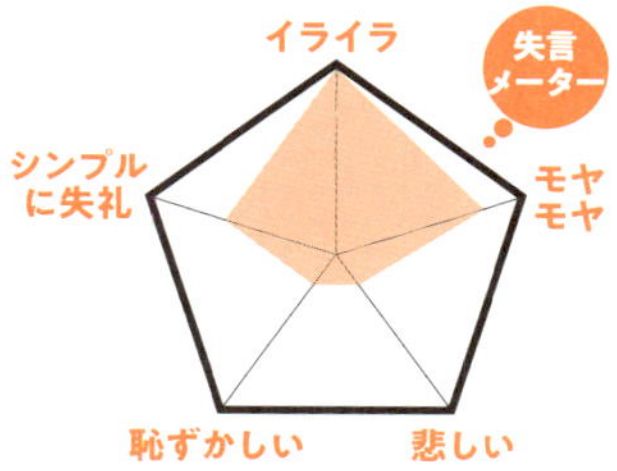
失言メーター
イライラ
モヤモヤ
悲しい
恥ずかしい
シンプルに失礼

言いがち
レベル
58

失言かも

最近、太って

明るい自虐であっても言われた相手は気まずいです。それ以上にふくよかな人がいた場合、場の空気はさらに微妙なものに。

言うならこっち

最近、ごはんがおいしくて

最近 ホントに 太っちゃってー!

「太ってる」「やせてる」も、最近は話題にしづらいトピックです。人に対してはもちろんですが、自分に対しても言わないほうが無難です。

自虐のつもりで「最近、太ってさー！」「ダイエットしないとヤバい」などと言う人がいますが、P198の年齢と同様、その場にそれ以上ふくよかな人がいた場合、なんとも言えない微妙な空気が流れます。相手を傷つけるだけでなく、周りの人にも気まずい思いをさせることに。「えー？そんなふうには見えないよ？」などとフォローするのも面倒なものです。

自分が太ったことをどうしても話題にしたいなら、「最近、ごはんがおいしくていっぱい食べちゃうんだよね」などの表現にとどめておくと、相手も「わかるー、食べすぎちゃうよね」とカラッと笑ってくれるかも。

体型だけでなく、「肌荒れ」「白髪」といった見た目系の自虐は、いずれもいい結果を生みません。できれば控えましょう。

体型の話題はデリケート。太っていようがやせていようが、何も言わなくていいのじゃ。

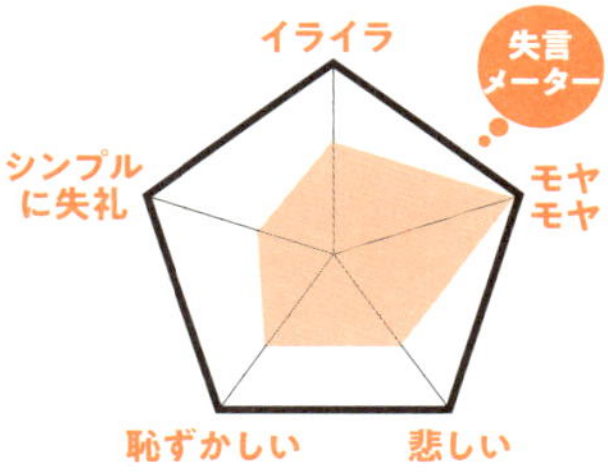

言いがち
レベル
45

失言かも

〇〇卒なんで大したことないです

偏差値による確固たるランクづけがあるからこそ、安易に自虐スタンスをとるのは危険。さまざまな学歴の人がいることを忘れないで。

言うならこっち

〇〇系の学部だったのですが

学歴も、できれば避けたい話題のひとつです。でも、世の中には学歴を気にする人がいるのも事実。「大学はどこなの?」とカジュアルに聞いてくる人もいまだにいます。

そんなときに気をつけたいのが、安易に自虐スタンスをとるのは危険だということ。謙遜の意味を込めて「○○大学なんで大したことないです」などと言うと、相手に気を使わせてしまいます。ましてや、その場にそれよりランクがよくないとされる学校を卒業した人がいた場合、嫌味ととられかねません。また、高卒や専門学校卒の人もいます。

答えに困ったときは、学んだ〝場〟ではなく、学んだ〝内容〟を答えるのが得策です。場合によっては、「あまり有名ではない学校で……」と濁すのもアリかも。

学部とは
関係ない仕事に
就いている
場合も、
自虐の必要は
ないぞ。

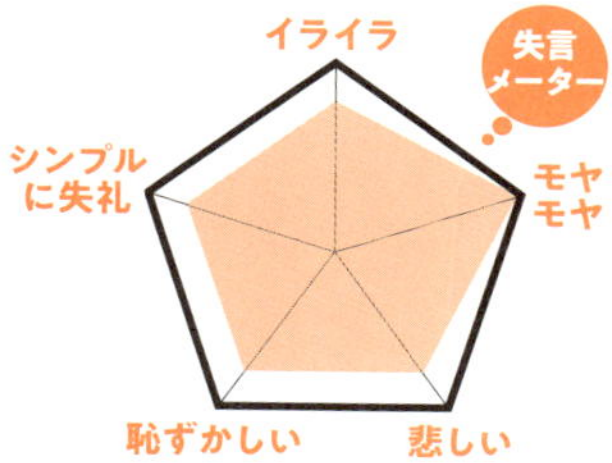
失言メーター
イライラ
モヤモヤ
悲しい
恥ずかしい
シンプルに失礼

90 自分のことを知ってもらうとき

言いがち
レベル
52

失言かも

田舎者で

「田舎」のとらえ方も人それぞれ。自虐のつもりで言った「田舎者なんで」が、相手には自虐として伝わらない場合も。

言うならこっち

○○出身なんです

「私、田舎者なんで」と言われた場合、相手の故郷をどう思い浮かべますか？　チェーン店が並ぶロードサイドの光景や、コンビニも客待ちをするタクシーもない駅前の様子を思い出す人もいれば、見渡す限り広がる田園風景を頭の中に描く人もいるでしょう。

このように、ひとくちに「田舎」といっても、思い浮かべる〝田舎度合い〟は人それぞれ。「私、田舎者なんで」と言った人の〝田舎っぷり〟が、相手がイメージする〝都会の光景〟なんてこともよくあります。

出身地や住んでいる場所に、いいも悪いもありません。そもそも、相手が知りたいのは「田舎出身かどうか」ではなく、「出身地」です。変に卑下したりせず、ストレートに「〇〇出身なんです」と答えればOK。そこからはじまる「旅行で行ったことがありますよ」「名物はなんですか？」などの会話を、素直に楽しみましょう。

特に、
埼玉県民・
千葉県民あたりの
「田舎ですから」
には要注意。

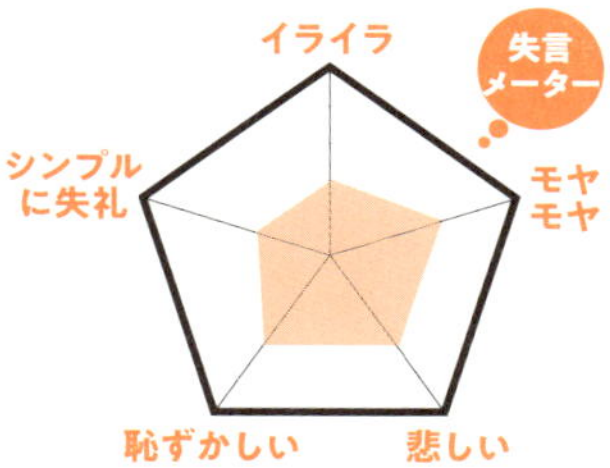

91 お金の話題になったとき

言いがちレベル 62

失言かも

お金がなくて

とてもナイーブなお金の話。自虐のつもりでも、「お金がない」と言うのはみっともないこと。断りの口実としてもおすすめできません。

言うならこっち

物価上がってて困りますよね

もう～全然お金なくて～
私こそお金ないわ～
ズババババババ
なんの戦い？

お金の話題はとてもデリケート。言うまでもないことですが、相手やパートナーの年収を聞くなんてもってのほかです。

自虐の意味で「お金がない」と言うのも、聞いていてあまり気持ちのいいものではありません。相手を心配させることにもつながりますし、単純にみっともないです。

万が一、お金の話題になった場合は、「(お互いの)財布の中身」ではなく、「物価」のような一般論へ話を持っていくのがGOOD。

また、誘いを断る際の口実に使っている人もいるかもしれませんが、別のスマートな言い訳を考えたほうがいいかも。子どものおねだりを断るのに「お金がないから」と逃げるのもよくありません。なぜダメなのかを、根気よく説明してあげるのが親の務めと言えるでしょう。

毎回「金欠で」
と断っていると、
いつか
誘われなく
なるぞ。

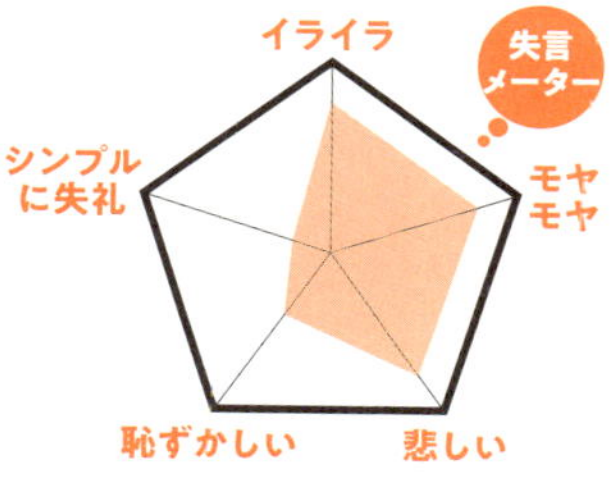
失言メーター
イライラ
モヤモヤ
悲しい
恥ずかしい
シンプルに失礼

92

自信がないとき

言いがちレベル 58

失言かも

私なんか

自己肯定感の低い人が口にしがちな自虐ワード。「大丈夫だよ」と言われるのを期待する気持ちが感じられ、相手の心理的な負担に。

言うならこっち

私もそれやってみたいです

「私なんかには無理だから」「私なんか役に立ってないし」……自分に自信がない人が言いがちな自虐ワードです。

本当に自信がない人が言うケースもあれば、「いや、そんなことないよ」「大丈夫だよ」という、相手からの肯定を期待している場合もあるでしょう。いずれにしても、相手に心理的な負担をかけてしまいます。

文字どおりにとらえた相手から、「じゃあ、仕事を任せるのはやめよう」「今回は頼まないでおこう」などと思われ、さまざまなチャンスを逃す危険性も。

このワードを頻繁に口にする人は、もしかすると、自己肯定感が低いのかもしれませんね。もし「言ってしまっている」という自覚があるなら、すぐにやめましょう。なるべく前向きな言葉に言い換えることから、意識が変わっていきます。

「どうせ」が
合わさると、
〝悲劇のヒロイン〟
感がさらに
増すぞ。

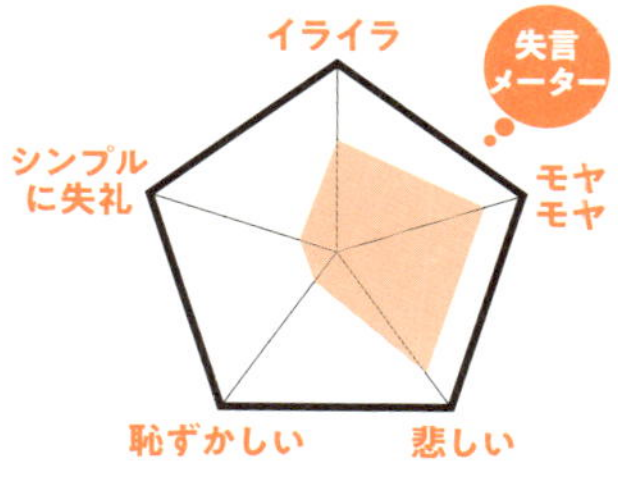
失言メーター
イライラ
モヤモヤ
悲しい
恥ずかしい
シンプルに失礼

93

自分のことを知ってもらうとき

言いがちレベル
55

失言かも

おばさん（おじさん）だからさ！

年上であることを必要以上に強調せず、世代間ギャップを純粋に楽しむのが大人の余裕。年下に気を使わせないで。

言うならこっち

知らなくてごめん！教えて！

もうおばさんだからさぁ〜
そんなことないですよ！
そんなことないですよ

その場で年上だと思われる人が言いがちな、「おばさん（おじさん）だからさ！」というフレーズ。言った本人はぶっちゃけてしまってラクかもしれませんが、「そんなことないですよ」待ちなのが見え見えです。

年下の側は当然反応に困りますし、その場にいる同年代以上の人を傷つけるというリスクも。場の盛り上がりにつながる確証もなく、誰もトクしない、無意味なひとこととも言えます。

年の差があるからといって、年上の側も年下の側も、必要以上に気を使い合わなくてOK。むしろ、そのギャップを楽しむ方向に持っていくと、場が盛り上がるでしょう。異世代間のトークは、同世代トークと違って新たな発見も多いもの。「ごめん知らなかった！」「今はそうなの？　教えて！」と、明るく楽しむ余裕を持ちましょう。

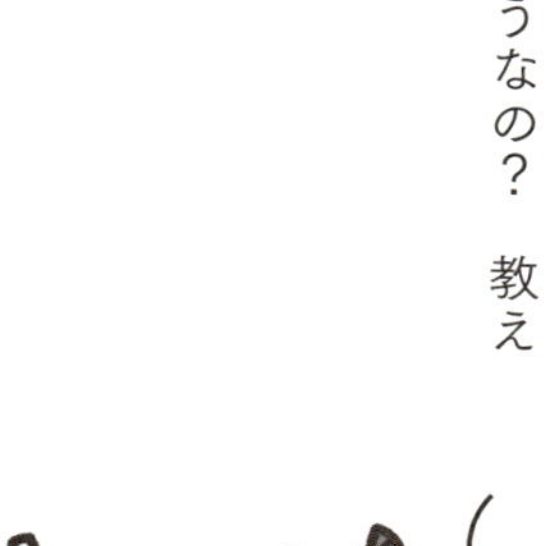
体の不調を
訴えすぎるのも、
年下からすると
重いだけじゃ。

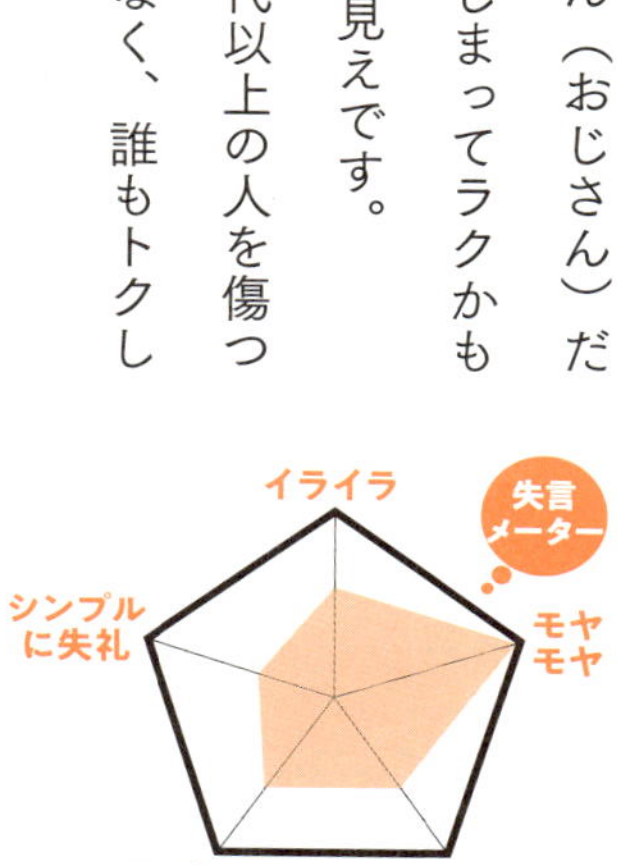
失言メーター
イライラ
モヤモヤ
悲しい
恥ずかしい
シンプルに失礼

失言研究コラム⑦

失言したくなければ、「普通の話」をしよう

本書をここまで読んできて、「失言するのが怖くて、何を話せばいいのかわからない……」と頭を抱えている人もいるかもしれませんね。

大丈夫、難しく考える必要はありません。まずは「今日は晴れてよかったですね」「朝の冷え込みが厳しかったですね」といった天気や季節の話でいいんです。「あそこに新しく100円ショップができたんですね」「おいしいと評判のあの居酒屋、ランチはじめたみたいですよ」のように、“駅から待ち合わせまでのルートで見たもの”を話すのもおすすめ。昨日見たニュースやドラマの話でもOKです。

つまり、「普通の話」でいいということ。気の利いたことや、おもしろいことを言おうとする必要はありません。「あなたと話がしたい、コミュニケーションがしたい」という素直な気持ちを大切にして、相手との対話を重ねていきましょう。

第8章

Shitsugen
Zukan

ジャッジする言葉

94

異性について話すとき

言いがち
レベル
69

失言かも

女の人って〇〇、男の人って〇〇

属性で敵か味方かをわける言い方。個別の事例を一般化し、主語を大きくすると、必要のない人までモヤモヤさせてしまう結果に。

言うならこっち

あの人は〇〇

女の人ってさ〜
男の場合は〜
主語デカいんだよ……

めずらしく職場の愚痴をこぼす夫。どうやら最近、ある女性部下とうまくいかず困っているようです。

「なんで女の人ってこうなんだろうね……」と同意を求めてきた夫に対して、妻は心の中でこう思います。「私だって女の人なんだけどな……」。「女の人」の代表として、責められているような気すらしてきます。

「女の人って○○、男の人って○○」は、無意識のうちに、敵か、そうでないかをわけるかのような言い方です。「敵」認定された側は、おもしろくありませんよね。

「女の人」に困らされたという事実があったとしても、それはあくまでも個別の事例であり、その人の属性とは関係のないこと。ひとつの事例をすぐに一般化するのはやめたほうがいいでしょう。

大きくふたつに
わけられるほど、
人間は
単純じゃない
じゃろ?

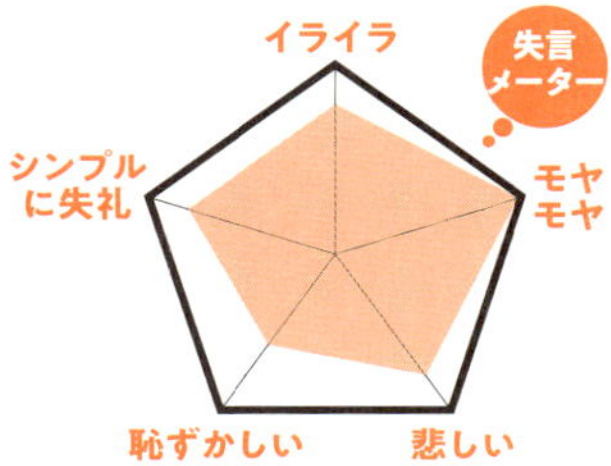
失言メーター
イライラ
モヤモヤ
悲しい
恥ずかしい
シンプルに失礼

95

住んでいるところについて話すとき

言いがち
レベル
52

失言かも

家遠いよね

「遠い／近い」の感覚は、人それぞれ異なります。「近いほうがいい」という考えも価値観のひとつにすぎません。

言うならこっち

○○ってどんなところなの？

遠方から通勤している人に対して、「家遠いよね」。

事実を言っているようにも聞こえますが、家が遠いことをバカにするニュアンスが感じられる言葉です。「そんなところから通うなんて信じられない」「もっと近くに住めばいいのに」という気持ちが、ひしひしと伝わってきます。

どこに住んでどんな生活を送るか、そして、通勤時間の長さをどれだけ許容するかは、その人の価値観に大きくかかわっています。「近いほうがいい」というのも、あくまでひとつの価値観にしかすぎません。変に口出しをしないようにしましょう。

聞き慣れない土地に住んでいる人には、「○○ってどんなところなの?」と興味を持った聞き方が◎。その後の会話も弾みます。

本人は「遠い」と感じていない場合も。勝手に決めつけるのはNGじゃ。

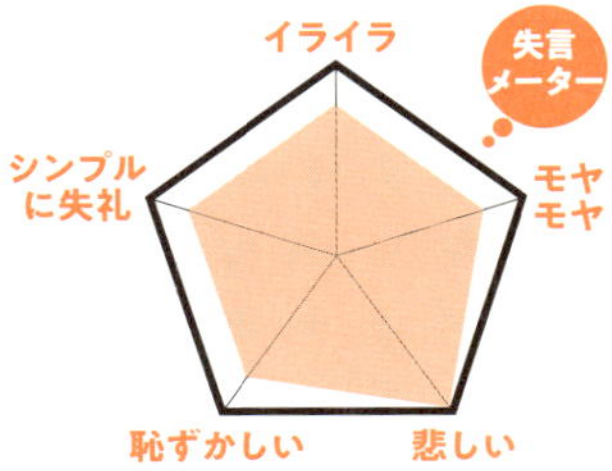
失言メーター
イライラ
モヤモヤ
悲しい
恥ずかしい
シンプルに失礼

96

職業について話すとき

言いがちレベル 48

失言かも

安定してそうだね

「安定」という一面だけを切りとり、相手の職業、あるいは相手自身をジャッジする言葉。言われてもいい気持ちにはなりません。

言うならこっち

どんな仕事なの？

旦那さんが公務員なら安定してて安心ね！
はい……

ここには書きませんが、一般的に「安定している」とされる職業があります。それらに就いている人に対して「安定してるね」と言うのは、人の本質を見ず、職業で人を判断していると思われてもおかしくないフレーズです。

誰もが「安定」だけを目的にその職に就いたわけではありません。その職業のやりがいに魅力を感じ、就くために努力を重ねた人もいるでしょう。また、安定している分、逆に言うとそれだけ大変な仕事だというケースも。「安定している」という安易なジャッジは、使命感を持ってがんばる相手に対して失礼にあたります。

さらに、相手本人だけでなく、そのパートナーの職業に対して「安定してるね」と言うのも、なんだか下品な感じがするのでやめたほうがいいでしょう。

「安定している」＝お金や地位の存在を感じさせる微妙な言葉じゃ。

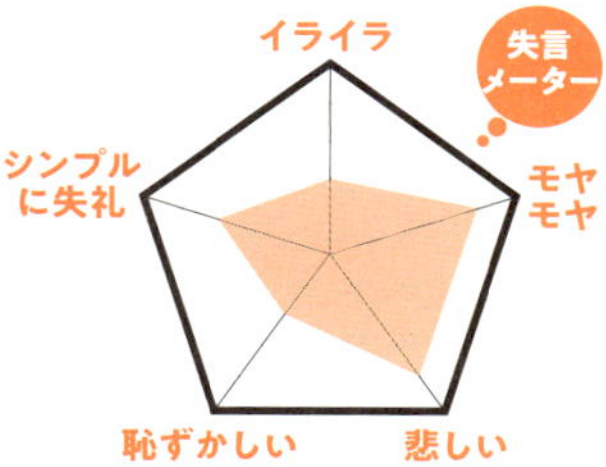

失言メーター
イライラ
モヤモヤ
悲しい
恥ずかしい
シンプルに失礼

97

相手の属性について話すとき

言いがちレベル
48

失言かも

〇型って（〇座って）まじめそうだよね

占いが好きな人がいる一方、まったく関心のない人も。相手が興味を持てない話題を押しつけないよう、気をつけましょう。

言うならこっち

私、〇型の友達多いんだ

血液型占い、星座占いを愛好する人がいる一方、さほど興味がない人もいます。「勝手にランキングされて、もし最下位だったら朝から嫌な気分になるから」と、ニュース番組の占い結果が発表される前に、必ずチャンネルを変えるという人も。

このように、占いに対する距離感は人それぞれ。しかし、占い好きな人は、「○型って（○座って）まじめそうだよね／変わり者だよね」などと言いがち。言われた側は、決めつけられて不快になると同時に、身に覚えのない特徴を挙げられて反応に困ることも。

もちろん、お互いが占い好きならいくらでも話してOKです。そうでない場合は、「私、（あなたと同じ）○型の友達多いんだ」などと、占いの〝結果〟とは関係ない部分で会話をつなげるのがいいかもしれません。

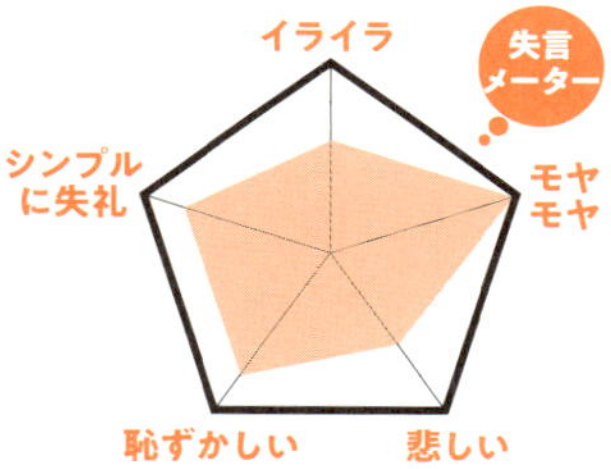
失言メーター
イライラ
モヤモヤ
悲しい
恥ずかしい
シンプルに失礼

「言われやすい血液型」の人は、高い確率でうんざりしてるぞ。

98

相手の属性について話すとき

言いがちレベル
32

失言かも

イエベっぽいよね

おしゃれへの興味関心度合いも、人によって異なります。パーソナルカラーを勝手に〝診断〟するのも、やめたほうがいいでしょう。

言うならこっち

いつもすてきだけど、パーソナルカラーって意識してる？

ここ数年、「イエベ」「ブルベ」という言葉をよく耳にしませんか？　肌の色や髪の色、瞳の色と調和した、その人が最も似合う色のことを「パーソナルカラー」といい、ファッションやメイクにとり入れる人が増えています。

おしゃれへの意識が高い人ほど、人のパーソナルカラーも気になるでしょう。だからといって、「イエベっぽいよね」などと勝手に〝診断〟するのはやめたほうがいいかも。何事も一方的な決めつけはよくありません。P222の占いと同じく、パーソナルカラーに興味がない場合は反応に困ってしまいます。

もちろん、お互いがパーソナルカラーに興味を持っている場合は問題ありません。それぞれのカラーを診断し合ったりするのも盛り上がるかも。

イエベ＝イエローベース、ブルベ＝ブルーベースの略。
ブルベの人がマウントとりがち……という声多数じゃ。

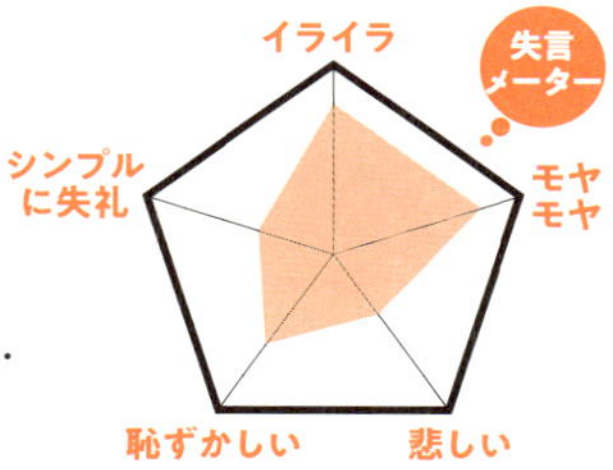
失言メーター
イライラ
モヤモヤ
悲しい
恥ずかしい
シンプルに失礼

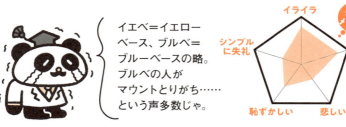

99

世代について話すとき

言いがち
レベル
45

失言かも

〇〇世代って

「〇〇世代」というカテゴライズを鵜呑みにしすぎるのは考えもの。あくまでも会話のネタのひとつ程度ととらえて。

言うならこっち

〇〇世代なんだね。大変だったことある?

氷河期世代、ゆとり世代、さとり世代、Z世代……人はみな、くくられることに若干の抵抗はありながらも、同世代に対するある種の共感も持っています。ただし、「〇〇世代ってこうなんでしょ?」や、「(ある行動に対して)〇〇世代だからか……」などと、一方的に決めつけられると反発心を抱くかも。会話のネタとして、そのギャップを楽しむ程度がいいでしょう。

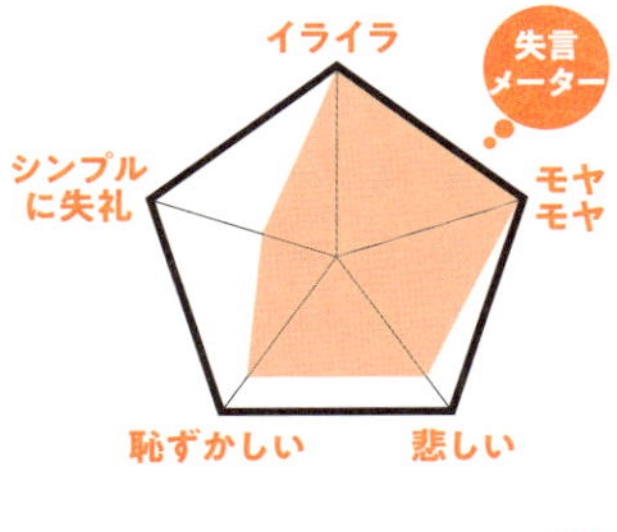
失言
メーター
イライラ
モヤモヤ
悲しい
恥ずかしい
シンプルに失礼

100 相手の見た目について話すとき

言いがちレベル
54

失言かも

○○に似てるよね

「似てる」と言われてうれしい人ばかりではないし、そもそも似ていないケースも。気軽に言うにはリスクのあるフレーズです。

言うならこっち

誰かに似てるって言われる？

気軽に言ってしまいがちな「芸能人の○○に似てるね」。相手がその有名人にいい印象を持っているとは限りませんし、そもそも全然似ていない場合、言われた側は「え？　そうですか？　はじめて言われました」と返すのがせいいっぱい。会話を盛り上げたいなら、「誰かに似てるって言われる？」と、相手から引き出すのが◎。

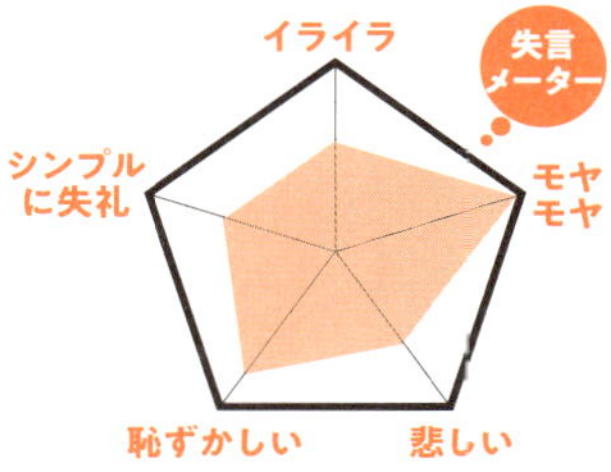
失言メーター
イライラ
モヤモヤ
悲しい
恥ずかしい
シンプルに失礼

おわりに

失言を超えていこう

ここまでいろんな失言を見てきました。１００の失言の中には、自分が言われてモヤッとした言葉や、知らず知らずのうちに言ってしまっていてドキッとした言葉もあったことでしょう。私たちにとっても、取材や過去の経験から失言を掘り起こす作業は、おもしろさを感じると同時に、ちょっとした痛みを伴うものでした。

しかし、本書を読んで「失言したくないから何も言わないようにしよう」「失言してしまいそうで話すのが怖い」と思われてしまうのは、私たちの本意ではありません。

本書をとおして私たちが本当に伝えたいのは、「失言を超えていこう！」ということです。

本来、人と話すのはとても面倒なことです。

通じ合えるかどうかわからない人と話すのは怖いし、探り探り会話を重ねていく中で、行き違いが生じることもあるでしょう。ちょっとした言葉のボタンのかけ違いが、トラブルへと発展することすらあります。

だからといって、「人と話さない」ことが正解なのでしょうか。

たしかに、人と言葉を交わさなければ軋轢《あつれき》が生まれることもなく、ラクなのかもしれません。しかし、言葉は「目的」ではなく、「手段」です。人と人が通じ合い、楽しい時間をともにし、何かを生み出していくために、言葉による対話は欠かせません。

そのとき、誰かをモヤモヤさせる可能性のある失言をあらかじめ知っていると、コミュニケーション上の失敗を減らすことができる――私たちは、言葉によるコミュニケーションの可能性を信じているからこそ、その阻害要因となりうる「失言」にフォーカスしたのです。

もっと聞こう、もっと話そう

優先されるべきは「失言を言わないこと」ではありません。コミュニケーションの「手段」である言葉＝失言に気をとられるあまり、黙ってしまうのは本末転倒です。

もっと話しましょう。相手のことが知りたかったら、もっと質問しましょう。オチなんてなくていいから、もっと自分の話をしましょう。

「こんなこと聞いたら嫌がられるかな？」「こんな話をしたら、つまらないと思われるかな？」

なんて思わなくて大丈夫。心を開いて会話を重ねようとするその気持ちが、相手にとってはうれしいはずです。

ＳＮＳや二次元に没頭するのもいいですが、もっと生身の相手と向き合ってみませんか。あなたに話を聞いてほしい人、あなたの話を聞きたい人は、あなたが思っているよりもたくさんいると思います。

もし自分の失言によって雰囲気を悪くしてしまったら、謝ればいいだけのこと。「ごめん」という素直な言葉は、気を悪くした相手にもストレートに響くでしょう。

リカバリーはいつからだってできますし、「次は気をつけよう」と自分の意識のアップデートにもつながります。そして、痛みを伴うこうしたやりとりの積み重ねが、お互いの関係性をさらに強くしていきます。

反対に、言われて嫌なことには、「ちょっとグサッときたかも～」「なんでそんなこと言うの～？」などと勇気を出して言ってみましょう。「人はそういうことで傷つくんだな」という相手の学びになり、あなたに対してだけでなく、他で言うのもやめるかもしれません。自分の気持ちを伝えることをあきらめない姿勢は、周囲のコミュニケーションをも円滑にしていきます。

自分と違う人と、対話によって関係性を育んでいく

職場や学校の人間関係だけでなく、家族や友人も、自分と違う個性の人と関係を育んでいくもの。親子ほどの近しい関係であってもそうです。時間と言葉を積み重ね、近づいたり離れたりしながら、お互いのことをわかり合っていく。

当然、価値観のすべてが一致する人などいませんから、どうしてもわかり合えないことや、すれ違いが生じることもあるでしょう。でも、そこであきらめてしまわず、相手の思いに真摯に耳を傾け、自分の思いを粘り強く伝えること。その先に、違いを超えてわかり合う喜びが待っています。

ぜひ、この『失言図鑑』を心の杖にして、自分とは異なる大切な人たちと言葉を交えてください。そして、ひとつ、ふたつの失言が気にならないほどのいい関係を育めますように。

失言研究所

解説

ことばには勝ち負けがあるのに、多くの人はそれを知らない

黒川伊保子

ダメ出しを食らったとき、あなたはとっさに「すみません」と言う？　「ありがとうございます」と言う？　実はこれ、圧倒的に後者のほうがお得なのだ。自分の心を守れる。

「見積もりに○○が入ってなかった。気をつけて」のような業務上のダメ出しなら、「気づいてくださって、ありがとうございます」。「きみは、こういうところが抜けてるんだよね」のような個人の資質にかかわることなら「気をつけます、ありがとうございます」。

「すみません」と謝ると、「私が悪い」と認めることになるので、負けたような気になって、気分が落ちる。「ありがとうございます」と言うと、「あなたの職務遂行に敬意を表し、感謝します」という雰囲気が漂って、負けた感じがしない。試してみてほしい。

ちなみに、上司の方だって、ダメ出しをした部下に「すみません」と暗い顔をされるより、「ありがとうございます」と前向きの表情になってもらう方が気持ちいい。

顧客の「ここ汚れてるんだけど」みたいなクレームも、「気づいてくださって、ありがとうございます」と言えば、互いに気持ちいい。

日本人は、親切にしてもらったときも「すみません」と言う人が多い。そんなふうにして生きていると、意識の真ん中に「世間の手を煩わすなんてダメ人間」という核のようなものができてしまう気がする。そうしたら、大事なときに、人前で委縮したり緊張したりしてしまわない？　あるいは、他人の「人様を煩わす行為」に憤りを感じたり、イライラするのではないだろうか。世間は温かいもの、助け合うもの、そう思っていたら、俄然生きやすくなる。

子連れで見知らぬ人に注意されたときも、相手に実害がなければ、感謝しちゃえばいい。「靴のまま、椅子に上がっちゃダメ」には「ありがとうございます」。「気づいてくださって（事故を未然に防いでくださって）、ありがとうございます」の意。

そうすれば、互いの意識の中で、「靴のまま椅子に上がらせる、ダメな母親」から「いつもはちゃんとしてるけど、たまさか気づかなかった、忙しいのに頑張ってるお母さん」に昇格する。まぁ、もちろん、相手のコートに靴が当たったことを指摘されたら、「すみません」と謝るしかないけど。

この世には、ことばの選び方ひとつで、勝ったり負けたりすることがある。世間が自分を傷つけると思っていたら、自分の、負けが込むことば使いのせいだった、なんてことが。あるいは、なんだか人間関係がうまくいかないと思っていたら、コミュニケーションの潤滑油のつもりで口にしている何気ない一言のせいだった、なんてこともね。

負けことばには、「自分が負けることば」と「相手を負かすことば」があって、どっちもダメなのだ。コミュニケーションの基本は、どちらも負けないこと。「相手を気持ちよくして、自分も負けない」ことばこそが、勝ちことばなのである。

ことばには勝ち負けがあるのに、多くの人が、その〝カード〟の読み方を知らない。「一見、失言だとわからない失言」が、まるで地雷原のように、日常に潜んでいるのに。

この本は、その「一見、失言だとわからない失言」（負けことば）をわかりやすく分類し、「相手を気持ちよくすることば」（勝ちことば）に換えてくれる図鑑である。負けことばは、人間関係を腐らせ、人生を腐らせる。身の周りに潜むそれ、知っておくに越したことはない。

ちなみに、先ほど、ダメ出しには「ありがとう」を、と言ったけど、「すみません」が功を奏するときもある。ミスを即座に挽回しなければならないときだ。

これから重要な会議が始まるというのに、「資料が一部足りない」なんて指摘されたとき。走り出しながら口にするのには「すみません」が一番似合う。なぜなら、スピード感があるから。スは、口腔を狭くして出す隙間風の音。上あごを滑る息の速度が、音韻中最速である。これを、自分のみならず相手も感じるので、迅速に対応してくれたと感じてくれる。

もちろんセオリー通りに、走り出しながら「うわ、気づいてくれて、ありがとう！」と感謝する手もありだけど、「ありがとう」の発音はけっこうもたつくので「すみません」のほうが無難だし、多くの人は、つい口に出しているはず。ヒトは、こういう「迅速なとっさ」のときの一言は、案外、間違わないのである。

負けことばの地雷は、なんでもない会話のつなぎの一言にこそある。『失言図鑑』は、そこをカバーしている。

さて、その、なんでもない会話。実は、脳を活性化させるエクササイズなのだ。

なんでもない話をする瞬間、脳の中では、４つの演算がすばやく連携している。①脳内をふんわりサーチして、②わずかな情動や五感から入ってくる情報を頼りにイメージをキャッチアップし、③ことばに換え、④声に出す。

このうち①と②は右脳が、③は左脳が、④のことばの発声は小脳が制御している。つまり脳全体がすばやく連携して活性化してるってこと。しかも、この4つの演算は、勘の通り道でもある。

つまり、なんでもない会話ができる人は勘が働き、発想力が豊かなのである。なんでもない会話ができるチームは、成果が出せるチームでもある。

人生を輝かせるために、負けことば知らずの、気持ちいい「なんでもない会話」を。そのお供に、この図鑑をぜひどうぞ。

< 編者 >

失言研究所

話し方や伝え方に関する数々のベストセラー書籍を手がけてきた、ライターや編集者ら“言葉のプロ”の研究員によって構成。

これまでに300人以上に取材をし、どんなシチュエーションで失言が生まれ、それがどのように人をモヤッとさせるのかを徹底的にリサーチ。「言い換えるならどんな言葉が適切か」までを考え、コミュニケーションのブラッシュアップに余念がない。

日常に潜む失言を誰かが見つけてくるたびに議論が止まらなくなり、会議が長引きがちなのが課題。研究員は随時募集中。

< 解説者 >

黒川伊保子《くろかわいほこ》

株式会社感性リサーチ代表取締役、日本ネーミング協会理事、感性アナリスト
専門領域：人工知能（自然言語解析、ブレイン・サイバネティクス）、コミュニケーション・サイエンス、ネーミング分析

奈良女子大学理学部物理学科卒業後、コンピュータメーカーにて人工知能開発のエンジニアに。

自然言語解析の現場に早くから従事し、1991年には、当時の大型機（メインフレーム）では世界初と言われたコンピュータの日本語対話に成功（全国の原子力発電所で稼働した「日本語対話型女性司書AI」）。

このとき、対話文脈に男女の違いがあることを発見、やがて、男女で「とっさに使う脳神経回路」の初期設定に大きな違いがあることをつきとめた。

さらに語感（ことばのイメージ）をAIに理解させるための枠組みを追究する過程で、語感の正体を発見、その数値化に成功する。

現在はこの技術をネーミングに応用、企業ネーミングのコンサルタントとして、「いきなり核心に切り込み、腹落ちするネーミングを必ず見つけ出す、ドクターXみたいなコンサルタント」と呼ばれている。

人工知能のために培った「人間学」を人類にフィードバックすべく、1996年ごろより著作をはじめる。

『妻のトリセツ』をはじめとするトリセツシリーズは、累計100万部を超える人気シリーズに。『夫のトリセツ』『息子のトリセツ』『娘のトリセツ』『思春期のトリセツ』『孫のトリセツ』『職場のトリセツ』など、あらゆる人間関係に脳科学の光を当てている。

黒川伊保子公式ホームページ　http://www.ihoko.com
感性リサーチホームページ　http://www.kansei-research.com

クラブS

サンクチュアリ出版の
公式ファンクラブです。

sanctuarybooks.jp
/clubs/

サンクチュアリ出版 YouTube チャンネル

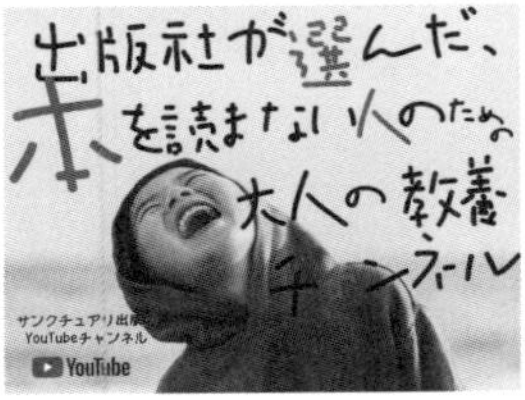

出版社が選んだ
「大人の教養」が
身につくチャンネルです。

“サンクチュアリ出版
チャンネル” で検索

おすすめ選書サービス

あなたの
お好みに合いそうな
「他社の本」を無料で
紹介しています。

sanctuarybooks.jp
/rbook/

サンクチュアリ出版 公式 note

どんな思いで本を作り、
届けているか、
正直に打ち明けています。

https://note.com/
sanctuarybooks

人生を変える授業オンライン

各方面の
「今が旬のすごい人」
のセミナーを自宅で
いつでも視聴できます。

sanctuarybooks.jp
/event_doga_shop/

本を読まない人のための出版社

サンクチュアリ出版

sanctuary books ONE AND ONLY. BEYOND ALL BORDERS.

サンクチュアリ出版ってどんな出版社？

世の中には、私たちの人生をひっくり返すような、面白いこと、すごい人、ためになる知識が無数に散らばっています。
それらを一つひとつ丁寧に集めながら、本を通じて、みなさんと一緒に学び合いたいと思っています。

最新情報

「新刊」「イベント」「キャンペーン」などの最新情報をお届けします。

X	Facebook	Instagram	メルマガ
@sanctuarybook	https://www.facebook.com/sanctuarybooks	sanctuary_books	ml@sanctuarybooks.jp に空メール

ほんよま

単純に「すごい！」「面白い！」ヒト・モノ・コトを発信するWEBマガジン。

sanctuarybooks.jp/webmag/

スナックサンクチュアリ

飲食代無料、
超コミュニティ重視のスナックです。
月100円で支援してみませんか？

sanctuarybooks.jp/snack/

よかれと思って言ったのに
実は人をモヤッとさせる 失言図鑑

2025年1月 8日 初版発行
2025年2月18日 第2刷発行（累計1万2千部）

編者　失言研究所
解説者　黒川伊保子

デザイン　井上新八
イラスト　まつむらあきひろ
編集協力　中田千秋
DTP　エヴリ・シンク

営業　二瓶義基（サンクチュアリ出版）
広報　岩田梨恵子、南澤香織（サンクチュアリ出版）
編集　吉田麻衣子（サンクチュアリ出版）

発行者　鶴巻謙介
発行所　サンクチュアリ出版
〒113-0023 東京都文京区向丘2-14-9
TEL:03-5834-2507 FAX:03-5834-2508
https://www.sanctuarybooks.jp/
info@sanctuarybooks.jp

印刷・製本　株式会社シナノパブリッシングプレス

©Shitsugenkenkyujyo, 2025 PRINTED IN JAPAN

※本書の内容を無断で、複写・複製・転載・データ配信することを禁じます。
※定価及びISBNコードはカバーに記載してあります。
※落丁本・乱丁本は送料弊社負担にてお取替えいたします。レシート等の購入控えをご用意の上、弊社までお電話もしくはメールにてご連絡いただけましたら、書籍の交換方法についてご案内いたします。ただし、古本として購入等したものについては交換に応じられません。